Histoire des mères et de la maternité en Occident

YVONNE KNIBIEHLER
Professeur émérite à l'Université de Provence

Deuxième édition mise à jour

6e mille

A Jean KNIBIEHLER

DU MÊME AUTEUR

Naissance des sciences humaines. Mignet et l'histoire philosophique au XIXe siècle, Flammarion, 1973 (thèse).

L'histoire des mères, en collaboration avec Catherine Fouquet-Montalba, 1980, 2e éd., Hachette-Pluriel, 1982, traduction en japonais.

Nous les assistantes sociales. Naissance d'une profession, Aubier-Montaigne, 1980.

De la pucelle à la minette, en collaboration avec Marcel Bernos, Élisabeth Ravoux-Rallo, Éliane Richard, Temps actuels, 1982, 2e éd., 1989.

La femme et les médecins, en collaboration avec Catherine Fouquet, Hachette, 1983.

Cornettes et blouses blanches. Les infirmières dans la société française, 1880-1980, avec le concours de Véronique Leroux-Hugon, Odile Dupont-Hesse, Yolande Tastayre, Hachette, 1984.

La femme au temps des colonies, en collaboration avec Régine Goutalier, Stock, 1985.

Les pères aussi ont une histoire, Hachette, 1987, traduction en allemand *Geschichte der Väter,* Herder, Freiburg, 1996.

Histoire des femmes, sous la direction de Georges Duby et Michèle Perrot, Plon, 1991, collaboration au tome IV.

Des Français au Maroc, en collaboration avec Geneviève Émery, Françoise Leguay, préface de Tahar Ben Jelloun, Denoël, 1992.

La révolution maternelle depuis 1945, Perrin, 1997 (Prix Séverine, 1998).

Germaine Poinso-Chapuis, femme d'État 1901-1981 (sous la direction d'Y. Knibiehler), Édisud, 1999 (Grand Prix historique de Provence, 1999).

Repenser la maternité, sous la direction d'Yvonne Knibiehler avec le concours d'Agnès Guy, *Panoramiques*, n° 40, Éd. Corlet, 1999.

La maternité : affaire privée, affaire publique, sous la direction d'Yvonne Knibiehler, Bayard, 2001.

ISBN 2 13 052860 0

Dépôt légal — 1re édition : 2000
2e édition mise à jour : 2002, septembre

6, avenue Reille, 75014 Paris

INTRODUCTION

Les mères ont-elles une histoire ? Certes la maternité n'est plus regardée comme un fait de nature, intemporel et universel ; c'est une partie intégrante de la culture, en évolution continue. Mais ce n'est pas encore un véritable objet de recherches. Les sciences humaines – anthropologie, sociologie, démographie – ne s'y intéressent qu'indirectement, pour comprendre les transformations de la famille, ou les variations de la fécondité. De son côté le mouvement féministe a inspiré l'histoire des femmes, mais en s'attachant surtout à leur émancipation. Si les mères et la maternité ne sortent pas de l'ombre, c'est peut-être parce que la production des enfants a toujours été, et demeure, un enjeu de pouvoir ; le contrôle de la fécondité féminine est le lieu par excellence de la domination d'un sexe sur l'autre[1].

On peut raconter cette histoire en quatre séquences. Dans l'Antiquité, le mot « maternité » n'existe ni en grec ni en latin. N'empêche que la fonction maternelle est très présente dans les mythes, et elle fait aussi l'objet de considérations attentives de la part des médecins et des philosophes. L'apparition du mot *maternitas* au XIIe siècle marque un seuil : les clercs inventent ce symétrique de *paternitas* pour caractériser la fonction de l'Église, au moment même où le culte de

1. Françoise Héritier, *Masculin, féminin. La pensée de la différence,* Odile Jacob, 1996.

Notre-Dame connaît une brillante expansion, comme s'ils éprouvaient le besoin de reconnaître une dimension spirituelle de la maternité sans cesser de déprécier la maternité charnelle des filles d'Ève ; cette dichotomie marque les siècles chrétiens de l'Ancien Régime. À l'âge des Lumières, les deux notions semblent se rapprocher, pour construire un modèle terrestre de la bonne mère, toujours soumise au père, mais valorisée par l'enfantement ; la fonction maternelle absorbe l'individualité de la femme. Au cours du XXe siècle, la médicalisation triomphante et l'impact croissant du pouvoir politique font entrer la maternité dans une ère de bouleversements dont l'issue demeure imprévisible, et que le féminisme n'a pas encore pris en compte.

Chapitre I

À L'OMBRE DES PÈRES

L'*Homo Sapiens Sapiens* qui vivait en Europe, de l'Oural aux Asturies, à l'époque *gravettienne* (entre 30000 et 21000 av. J.-C.) a produit un grand nombre de statuettes en terre cuite représentant des femmes : gros seins, gros ventre, grosses fesses, vulve incisée, parfois privées de membres et même de tête. Aucun spécialiste n'est, pour l'heure, en mesure d'interpréter ces créations. Des commentateurs militants ont voulu y voir l'origine du culte de la Grande Mère, figure archétypale, antérieure à toute autre divinité : les féministes trouvaient là une preuve de la prééminence initiale du féminin ; les antiféministes répondaient que la mère est l'essence de la femme. En vérité, cette déesse impersonnelle, sans doute fantasmatique, ne renvoie pas à la maternité effective, et ne nous apprend rien. La civilisation occidentale est fille de cultures méditerranéennes qui sont au contraire bien connues et riches d'enseignements. Toutes sont « patriarcales » : les pères dominent la famille et la société. Mais ce principe fondamental ne suffit pas à les définir. Les Grecs, les Romains, les Juifs, les Chrétiens (héritiers de cultures antérieures) ont élaboré autour de la maternité des constructions mentales et sociales d'une grande complexité, dont les traces nous marquent encore.

I. – L'héritage hellénique

Le message des Grecs s'exprime sous les deux formes du mythe et de la science. La pensée mythique traduit en images, en récits, en métaphores ce que la raison ne peut dominer[1] : la dimension symbolique de la maternité, force de vie et de renouvellement de l'espèce, mais aussi la véhémence des sentiments et des émotions, l'ambivalence quotidienne des relations entre parents et enfants.

Déméter personnifie la dimension surnaturelle de la maternité. Elle reste proche de Rhea sa mère et de Gaïa son aïeule, mères primordiales émergeant à peine du chaos ; mais elle s'en distingue de manière significative. Déesse de la terre cultivée, nourricière originelle, elle initie les humains à l'agriculture, à la vie prévoyante et organisée. Une tradition rapporte que c'est à partir du moment où elle a inventé la culture des céréales que les humains, mieux nourris, ont adopté la station verticale. Déméter la nourricière serait donc aux origines de l'hominisation et de toute la civilisation. En un temps où les hommes se consacraient surtout à la chasse et à la pêche, les femmes retournaient la terre et semaient le grain. Le champ de blé, l'aire de battage étaient alors les temples de Déméter. Elle y venait en personne, mêlant ses blonds cheveux aux épis d'or. Grâce à elle, le grain commence une nouvelle vie chaque année. Elle reçoit également les morts dans son sein et les prépare à une autre exis-

1. Jean-Pierre Vernant, *Mythe et pensée chez les Grecs*, 2e éd., Paris, Maspero, 1971 ; Giorgia Sissa, Marcel Detienne, *La vie quotidienne des dieux grecs*, Paris, Hachette, 1989.

tence : à Éleusis, le salut de l'initié est lié au cycle annuel de la végétation et à la résurrection printanière de la nature. Sa vocation maternelle s'exprime encore par l'existence de sa fille Coré, vierge du printemps, symbole de renouveau ; le lien entre « les deux déesses » (ainsi les désignait-on) semble indestructible. Pourtant Hadès, dieu des enfers, enleva un jour Coré (appelée alors Perséphone) pour en faire sa femme. Déméter ne put supporter cette séparation, et sa douleur se déchaîna à travers le monde : voilée de noir, une torche à la main, la déesse cherchait, appelait sans trêve sa fille chérie... Cette année-là aucune semence ne put germer et les humains subirent une famine mortelle. Zeus intervint, avec l'aide de Rhea : il obtint que chaque année Coré-Perséphone reviendrait sur la terre au printemps et passerait avec sa mère la belle saison. À Athènes, les Thesmophories, fêtes en l'honneur de Déméter, étaient célébrées au moment des semailles d'automne, par les femmes mariées : le mariage les avait transformées en terre cultivée, ensemencées par leur mari. Le culte de Déméter, l'un des plus anciens de l'Hellade, fut aussi l'un des plus vivaces : on en trouve des traces jusqu'au ve siècle après J.-C. Il constituait le noyau central d'une religion archaïque, très populaire.

L'accouchement le plus souvent figuré dans l'iconographie grecque, c'est celui de Zeus, mettant au monde sa fille Athéna[1]. Cette vierge sans mère refuse l'amour, le mariage, l'enfantement : elle repousse Hé-

1. Monique Bruno, « L'accouchement dans la Grèce antique. Eileithyia une nouvelle lecture iconographique de la naissance d'Athéna », *Connaissance hellénique,* n° 41, octobre 1989 et n° 42, janvier 1990.

phaïtos dont la semence, tombée sur le sol de l'Attique, engendre le premier Athénien, Érichthonios, né sans mère lui aussi[1]. Ces histoires renient le ventre des femmes comme lieu obligé de la procréation. Zeus, en faisant sa fille tout seul, et dans sa tête, prend avantage sur les ténèbres de la matrice. À la fin du IIe millénaire avant J.-C., le triomphe des dieux olympiens sur les anciennes déesses chthoniennes accompagne l'établissement des Doriens dans l'Hellade, en même temps que s'affirme la prépondérance masculine dans la société.

Les déesses ne se laissent pas enfermer dans les fonctions maternelles. Athéna, fille du père, est restée vierge : le plus beau temple d'Athènes, le Parthénon, honore sa virginité, et les Panathénées la célèbrent avec pompe. Athéna guerrière symbolise la cité imprenable ; mais elle aime la paix et assure le règne de la raison. D'autres grandes déesses ont choisi la virginité : Artémis, amie de la nature sauvage ; Hestia, gardienne du feu. Par contre, Aphrodite suscite le désir amoureux. « Tout est né d'elle », dit Euripide. Elle personnifie la puissance souveraine de l'amour, ressort de toute vie, de toute fécondité.

Les immortelles n'accouchent pas seules. Rhea se cache en Crête pour donner le jour à Zeus, les nymphes accourent. Lêtô en fuite arrive à Délos haletante et accouche à genoux dans l'herbe tendre : Dioné, Amphitrite, Rhea l'entourent en poussant des cris de joie, baignent l'enfant Phoebus Apollon dans l'eau claire, et l'enveloppent de linge blanc tenu par une bandelette d'or.

1. Nicole Loraux, *Les enfants d'Athéna,* Le Seuil, 1990.

Toutes les déesses n'allaitaient pas[1]. Zeus fut nourri de lait et de miel par la chèvre Amalthée et l'abeille Panacris. Apollon fut sevré sans délai par Thémis qui lui donna le nectar et l'ambroisie. Mais Héra allaitait puisque son lait répandu a tracé la voie lactée. Et Thétis, la Néréide aux pieds d'argent, a allaité son fils Achille. Du côté des reines mythiques l'usage est encore mieux attesté : Clytemnestre montre son sein à Oreste pour lui rappeler qu'elle l'a nourri. À Troie, Hécube a nourri Hector, Andromaque a allaité Astyanax. Jocaste a allaité Œdipe. Ce qui n'empêche pas la mère de haut rang de confier les tâches jugées serviles à une servante qui lave, soigne, berce le tout petit ; plus tard elle prépare ses aliments, ses vêtements, surveille ses jeux ; elle lui est entièrement consacrée. La mieux connue des nourrices mythiques c'est Euryclée qui a élevé successivement Odysseus roi d'Ithaque et Télémaque fils d'Odysseus ; elle les appelle « mes chers enfants », et eux lui disent affectueusement « maïa » ; elle fut la seule à reconnaître Odysseus de retour à Ithaque après vingt ans d'absence. Elle compte dans la tradition homérique et traverse les âges à côté des héros. Le fractionnement de la fonction maternelle, modèle ancré dans le mythe, est repris dans l'utopie platonicienne.

Parmi les mortelles mythiques, les Amazones sont des guerrières qui vivent sans hommes ; elles se coupent le sein droit pour pouvoir tirer à l'arc. De leurs unions éphémères avec des étrangers naissent des enfants dont elles n'élèvent que les filles.

1. Cf. Sylvie Vilatte, « La nourrice grecque », in *L'Antiquité classique,* t. LX, p. 5 à 28, Bruxelles, 1991.

Tant qu'elle n'a pas enfanté, la jeune mortelle n'est pas pleinement adulte. Son passage de l'état d'épouse à celui de mère marque un accomplissement qui intéresse toute la collectivité. Aussi les divinités s'empressent-elles autour de la parturiente. Eileithyia (Ilithye) est la déesse sage-femme, celle qui aide avant, pendant, après les couches ; son culte est largement diffusé parmi les femmes. Hécate, magicienne de la nuit, exerce un pouvoir redouté. Séléné, la lune, qui rythme le cycle menstruel, veille sur le corps en travail. Artémis, vierge chasseresse, a aidé sa mère Lêtô à mettre au monde Apollon ; elle accueille le nouveau-né parce qu'il appartient à la nature sauvage, dont elle est reine. L'accouchement, moment capital de la vie des femmes, est vécu collectivement et il intéresse plusieurs générations. Les souffrances et les périls qu'il impose aux femmes étaient représentés comme équivalents à ceux que les hommes affrontent à la guerre. Les mères grecques n'étaient pas citoyennes, mais elles transmettaient la citoyenneté : le fils d'un citoyen n'est citoyen que si sa mère est fille de citoyen.

Les récits révèlent des sentiments maternels tissés d'inquiétude, d'orgueil, de démesure. Thétis, mère abusive, veut retenir son fils Achille loin des combats en l'habillant en fille, en l'élevant parmi des jeunes filles ; en vain : il sera tué pendant la guerre de Troie. Niobé, mère de sept fils et sept filles, fière de sa fécondité, se moqua de Lêtô qui n'avait eu qu'Apollon et Artémis : ceux-ci tuèrent à coup de flèches les quatorze « Niobides » ; la mère, pétrifiée par la douleur, fut changée par Zeus en un rocher. La malédiction qui frappe Jocaste mariée à son fils Œdipe a été mise en valeur par Freud, mais elle tient peu de place dans la littérature grecque. Par contre, la haine qui dresse Électre contre sa mère Clytemnestre a inspiré les grands tragiques grecs et après eux de nombreux écrivains. La figure mythique la plus fascinante reste cependant Médée, qui tue elle-même ses propres enfants pour se venger de Jason, leur père. Son geste ouvre un abîme d'horreur et d'angoisse. La mère est supposée chérir ses enfants ; on la croit, on la voudrait disposée à tout subir, à accepter tous les sacrifices, par amour pour eux. Celle qui les détruit renie sa propre nature, crée le scandale suprême, l'anarchie suprême. Elle commet aussi un crime de lèse-paternité. Euripide, qui a porté au théâtre cette tragédie, dit clairement que la souffrance et la dépendance des femmes sont inévitables, le rôle de la civilisation étant d'empêcher que cette souffrance ne provoque des troubles. La figure de Médée n'a pas cessé de hanter les artistes : tous révèlent la permanence de l'angoisse masculine face aux passions incontrôlables d'une mère maltraitée.

Les mythes grecs étaient contés aux petits enfants par les mères et les nourrices ; ils étaient chantés dans les écoles, récités par les rhapsodes dans les réunions, représentés au théâtre. Les Grecs y ont projeté des angoisses et des désirs qui certes leur étaient propres, mais qui en même temps les dépassaient. Les mythes grecs savent exprimer les sentiments cachés et les pensées implicites, ils permettent d'affronter l'ambiguïté des sentiments et la complexité des relations humaines. Ils ont joué un rôle déterminant dans l'élaboration de la conscience occidentale. Redécouverts au début de la Renaissance, ils ont ébloui les humanistes européens ; ils ont remodelé leur sensibilité et modifié leur regard sur le monde. Aujourd'hui, ils nous aident à identifier nos « complexes » et ils nous fascinent toujours.

Les discours savants ont pesé encore davantage.

La médecine grecque n'est pas seulement un art de soigner, c'est aussi un désir de comprendre. Aux yeux de ces hommes que sont les médecins, l'infériorité de la femme par rapport à l'homme relève de l'évidence : sa taille est plus petite, sa musculature moins développée, son caractère moins audacieux, son rôle social plus effacé. Cette infériorité est-elle liée à la fonction reproductrice ? Et pourquoi la femme produit-elle les enfants des deux sexes ? Les réponses relèvent du savoir empirique, mais aussi, plus encore, de la philosophie[1].

Tota mulier in utero. C'est là le message essentiel que livre le *Corpus hippocratique* (une soixantaine de traités rédigés au Ve siècle et au début du IVe avant J.-C.). Affirmation d'autant plus surprenante que la pensée médicale, alors inspirée par la physique ionienne, raisonne sur des fluides et non sur des organes. Mais ce qui caractérise la femme par rapport à l'homme, c'est bien cet organe, l'utérus, vase renversé qui, alternativement, s'ouvre pour laisser passer les menstrues, le sperme, l'enfant, et se ferme pour retenir la semence masculine, protéger et nourrir le fœtus. L'observation directe de la matrice n'était pas permise à un homme ; le médecin ne pouvait que guider par

1. Yvonne Knibiehler, Catherine Fouquet, *La femme et les médecins*, Hachette, 1983. Les chapitres concernant l'Antiquité et le Moyen Âge sont de Catherine Marand-Fouquet.

ses questions un examen réalisé par la patiente elle-même ou par la sage-femme. Pourtant les disciples d'Hippocrate étaient persuadés que toutes les maladies féminines trouvaient là leur origine, la stérilité étant le mal absolu, et l'enfantement la meilleure preuve de santé. L'utérus gouverne l'économie des fluides, bien plus abondants chez la femme que chez l'homme : sang menstruel, écoulements liés au coït, puis à l'accouchement, production du lait (à partir du sang croyait-on). La femme est donc humide, spongieuse, molle, froide, alors que l'homme est sec, chaud et dur. Telle est l'origine de l'infériorité féminine. Parmi ses fluides, la femme émet une semence qui se mêle au sperme masculin pour produire un embryon. La grossesse et l'accouchement assurant la survie de l'espèce et le renouvellement des générations, la femme ne peut s'y soustraire, elle n'a pas le choix, pas plus que l'homme n'a le choix d'échapper à la guerre. Selon le serment d'Hippocrate, un médecin se couvre de honte s'il prête son concours à un avortement de convenance.

Les plus grands philosophes confirment l'infériorité de la mère.

Le *Timée* de Platon, œuvre majestueuse imprégnée de mysticisme, a exercé une influence immense sur de nombreux philosophes de l'Antiquité, mais aussi sur de nombreux penseurs chrétiens jusqu'au XVIIe siècle. Platon y évoque l'action du Démiurge, intelligence suprême. Conformément à l'ordre du monde, une hiérarchie organise le corps et l'âme de l'être humain. Or l'utérus, organe féminin par excellence, est situé dans le ventre, loin de l'âme rationnelle et des nobles pensées ; c'est « un vivant possédé du désir de faire des enfants », qui assujettit la femelle. Cependant Platon ne sous-estime pas les aptitudes féminines. Dans *La République,* il imagine une cité où les hommes et les femmes partageraient les mêmes activités. La famille y serait remplacée par une communauté : les mères allaiteraient collectivement et indistinctement les nourrissons, un sevrage précoce les débarrasserait des marmots, élevés par des spécialistes. La maternité individuelle serait abolie pour que les femmes puissent servir la République. Mais c'est aux hommes seuls, aux philosophes, qu'incomberait le gouvernement de la cité. Cette construction imaginaire a nourri la pensée utopique occidentale à partir du XVIe siècle.

Aristote, fils de médecin, savant universel, décrit le mâle et la femelle comme des êtres complémentaires fournissant des prestations de nature différentes. Pour autant ils ne sont pas égaux, car la sécrétion de la femelle pendant le coït n'est pas une semence. Le mâle seul fournit la forme et le principe de la vie, la femelle est passive ; fécondée, elle reçoit, conserve et nourrit l'embryon grâce au sang qui n'est plus évacué par les menstrues. La jouissance sexuelle de la femme n'est nullement nécessaire à la conception. Ces observations confirment l'infériorité de la femelle dans l'œuvre de vie. Par l'intermédiaire de Thomas d'Aquin, la science d'Aristote a inspiré celle de l'Occident dès le XIIIe siècle de notre ère.

À la fin du IVe siècle avant J.-C., le Grec Herophile, établi à Alexandrie, commença à pratiquer des dissections et des autopsies, d'abord sur des criminels et criminelles exécutés, puis sur des animaux, notamment des guenons. On lui doit la découverte des ovaires et des trompes dites de Fallope. Mais l'anatomiste grec qui a le plus influencé les médecins d'Occident c'est Galien (IIe siècle après J.-C.). Il a défini la femme comme « un homme à l'envers ». Les organes sexuels que l'homme porte à l'extérieur du corps existent aussi chez la femme, mais à l'intérieur : les ovaires sont assimilables aux testicules et le col de la matrice au pénis. Cette idée aurait pu conduire à reconnaître l'égalité des deux sexes dans la génération. Mais le dogme de l'infériorité de la femme a joué comme un obstacle épistémologique. Galien suit Hippocrate, Platon et Aristote : la femme est « froide » ; son sperme est donc plus pauvre que celui de l'homme. Le succès de Galien s'explique surtout par son finalisme : il présente le corps humain comme un système où peut se lire une intention divine. Ainsi la matrice est à l'intérieur du ventre féminin pour que le fœtus soit mieux protégé ; les mamelles sont placées sur la poitrine pour que le nourrisson soit tenu dans les bras de sa mère, etc. À la date où il exerce et enseigne, le christianisme progresse, et les religions qui promettent le salut rencontrent une faveur croissante. Son message a conquis d'abord l'Empire byzantin ; ensuite il a séduit les savants arabes, et par eux il est parvenu aux clercs médecins du Moyen Âge occidental, qui l'ont reçu avec enthousiasme.

Des savoirs élaborés par Hippocrate, Aristote et Galien, la gynécologie actuelle ne peut rien retenir. La science est toujours caduque. Pourtant, la longévité des savoirs grecs impressionne et pose problème. Les fantasmes qui les nourrissaient se sont-ils vraiment évanouis ?

II. – L'héritage latin

Si les Romains ont emprunté aux Grecs, leur apport original reste cependant de très grande portée. D'une part, ils ont précisé une doctrine juridique et un ensemble de lois qui situaient la fonction maternelle dans le cadre familial. D'autre part, c'est à Rome que furent codifiées, au second siècle de notre ère, des pratiques d'hygiène relatives à l'enfantement et au maternage. Deux corps de préceptes qui n'ont guère été remis en cause jusqu'à l'âge des Lumières.

Objet de vénération jusqu'au milieu du XXe siècle, le droit romain est patriarcal : il institue dans la famille le pouvoir du *paterfamilias* sur ses enfants. Il faut sans doute voir dans cette disposition un souci de désigner, de confirmer le père. La mère est révélée par la grossesse et l'accouchement. Mais jusqu'à ces toutes dernières années le lien biologique entre un homme et un enfant manquait d'évidence : « *Pater semper incertus.* » Pour transformer en père un citoyen romain, pour l'impliquer dans les responsabilités paternelles, la loi lui reconnaît pleine et entière autorité sur les enfants qu'il élève comme siens, au service de sa *gens* (sa famille, sa lignée), et au service de la cité. Chaque citoyen doit produire de futurs citoyens de bonne qualité : c'est pour lui un devoir civique, et une sorte de magistrature.

La *materfamilias* n'est jamais que l'épouse du *paterfamilias*. On lui donne ce titre, ou celui de *matrone* (le titre dépendait de la nature du mariage), dès le lendemain de ses noces, comme pour lui signifier sa fonction reproductrice. Mariée très jeune (entre 12 et 15 ans, parfois plus tôt), elle achève son éducation dans la maison de son époux. Tout lui rappelle son caractère instrumental. Le père seul intègre un enfant dans sa famille : la sage-femme dépose le nouveau-né sur le sol ; si le père l'accepte, il le relève et le présente aux lares familiaux ; sinon le petit sera « exposé » dans un lieu prévu à cet effet, à la merci des dieux. Le père rejette, sans consulter la mère, un nouveau-né infirme, ou une fille en surnombre : manière d'alléger les charges familiales. Le citoyen romain peut adopter le fils d'un autre citoyen et le traiter comme un héritier de prédilection. Les femmes, qui ne transmettaient directement ni le nom, ni les biens, ne sont pas concernées par l'adoption, ni comme adoptantes, ni comme adoptées. Cependant le droit romain, dans sa sagesse, laissait des exutoires à l'affectivité. Aucune loi n'interdisait à une Romaine (ni à un Romain) de distinguer (sans l'adopter) un enfant étranger à la famille : un enfant qu'on pouvait combler de cadeaux, en échange de sa seule affection. Cet enfant était désigné par le mot *alumnus* (*alumna* au féminin). Les femmes ont été assez nombreuses à profiter de ce droit. Une inscription émouvante exprime le deuil d'une femme qui a vu mourir son *alumna* : la jeune fille n'aura pas pu soigner sa *mamma* vieillissante. Le texte dit *mamma* et non pas *mater* : il évoque un monde en marge de la lignée, un monde d'intimité et de tendresse.

Rome fut dès l'origine une cité guerrière et conquérante. Les matrones ont eu d'abord pour fonction principale de repeupler les légions ; leur fécondité était mise à l'honneur, elles étaient associées aux gloires et aux épreuves de la patrie. Aux temps anciens, quand elles en étaient encore à « garder la maison et filer la laine », elles acceptaient sereinement ou même avec fierté, disent les historiens, la perte de leurs fils tués à la guerre. Plus tard, au IIe siècle avant J.-C., on cite Cornélie comme le modèle accompli de mère vertueuse et responsable. Patricienne de milieu cultivé, fille du grand Scipion vainqueur d'Annibal, elle épousa Tibérius Sempronius Gracchus, de trente ans son aîné, consul d'origine plébéienne. Le couple eut douze enfants, dont trois seulement survécurent. Veuve à 36 ans. Cornélie, passionnée par la culture hellénique, donna à ses enfants les meilleurs maîtres grecs. Mais surtout elle prépara ses deux fils à l'action politique, à la conquête du pouvoir : elle nourrissait l'ambition d'être « la mère des Gracques ». Tous deux moururent de mort violente, au cours des guerres civiles, Tibérius en 133, Caïus en 121 avant J.-C. Alors elle se retira dans sa villa du cap Misène ; elle recevait beaucoup, tenant un salon littéraire, et célébrant le culte de son père, de son mari et de ses fils. C'est environ un siècle plus tard que s'est fixée sa légende. L'empereur Auguste, désireux d'enrayer le déclin des naissances, avait besoin de références. Alors Cornélie fut créditée des plus hautes vertus. Elle aurait renoncé à se remarier, même avec un Ptolémée roi d'Égypte, pour se consacrer à ses enfants. Sollicitée un jour de montrer ses bijoux, elle aurait poussé ses enfants devant elle en disant : « Voilà mes bijoux ! » Cette dernière anecdote, figurée par de nombreux artistes, a édifié, jusqu'au milieu du XXe siècle, les moralistes conservateurs.

Agrippine incarne un contre-modèle. Tacite donne d'elle un portrait sombre et fascinant. Arrière-petite-fille d'Auguste, elle prétendait transmettre à son fils

Néron (né en 37 après J.-C.) un droit à la couronne impériale. Elle n'a reculé devant aucun crime pour le hisser sur le trône. La seule issue offerte à son appétit de pouvoir c'était de dominer son enfant, de miser sur son emprise maternelle. Néron la fit assassiner. Au centurion qui s'approchait d'elle, un poignard à la main, elle aurait crié : « Frappe au ventre », ce ventre qui avait porté un fils dénaturé.

Ce qu'on sait sur l'hygiène des dames romaines[1], on le doit surtout à un médecin grec, Soranos d'Éphèse, qui fit une brillante carrière à Rome, au temps de Trajan et d'Hadrien. Il est considéré comme le premier en date des accoucheurs, et même comme le père de l'obstétrique. Son ouvrage sur *Les maladies des femmes* fut une véritable bible en son temps. Ce maître éminent a lu tous ses prédécesseurs ; il les commente à la lumière de sa propre expérience. Il a aussi beaucoup écouté les sages-femmes. Ses observations sont justes, fines, sa modernité surprend. Féministe à sa manière, il laisse entendre que les femmes se porteraient mieux si on les laissait vivre à leur gré, sans les forcer à se marier et enfanter.

Destiné aux sages-femmes, son livre vise à faire d'elles des spécialistes à part entière, connaissant les sciences fondamentales (anatomie, embryologie, gynécologie, obstétrique) et tous les moyens thérapeutiques, de la diététique à la chirurgie. Il fait un portrait détaillé de la sage-femme « parfaite », femme de savoir et d'expérience, douée de tact, de compassion, et de sang-froid pour affronter les moments difficiles.

1. Danielle Gourévitch, *Le mal d'être femme. La femme et la médecine dans la Rome antique,* Paris, Les Belles Lettres, 1984.

Elle doit en outre pouvoir assumer une grave responsabilité : c'est à elle de décider si un nouveau-né est normal, viable, ou s'il vaut mieux l' « exposer ».

Comme certaines consultantes souhaitaient éviter les naissances, Soranos indique de nombreuses recettes contraceptives et abortives d'inspiration empirique ou magique. Pour éviter d'être fécondée, la femme doit se retirer un peu au moment où l'homme émet sa semence, puis se lever tout de suite, nettoyer son vagin et boire de l'eau froide ; elle peut aussi placer un flocon de laine fine à l'orifice de sa matrice, ou encore enduire son vagin de produits divers (la liste est longue), où dominent le blanc de céruse, l'alun liquide, les substances tannantes. Le docteur met en garde contre l'avortement, moins pour des raisons morales qu'en raison des dangers qu'il présente pour la femme (avant lui certains auteurs latins ont assimilé la tentative d'avortement à un suicide). Bien qu'il connaisse une série de drogues, il conseille plutôt les mouvements violents et les saignées.

D'autres couples souhaitaient au contraire procréer dans les meilleurs délais. Un homme fait bien, dit Soranos, de ne mettre sa semence que dans une femme en bonne santé. Le meilleur moment c'est celui du désir réciproque ou après la fin des règles ; si une femme prise de force devient enceinte, c'est qu'elle ressentait obscurément du désir. Suivent des conseils pour conserver la semence et bien conduire la grossesse (rester au lit, prendre des bains tièdes, éviter les rapports sexuels). « Envies » et nausées relèvent de régimes alimentaires appropriés : blancs de volailles, légumes cuits à la vapeur, fruits cuits ; pas de sauces ni d'assaisonnements. À partir du 4e mois il faut soutenir le ventre avec un bandage et le masser avec du cérat d'huile d'olives et de myrte, pour éviter les vergetures ; les seins seront au contraire relâchés à mesure qu'ils grossissent. Les bains sont recommandés, ainsi que la nage en eau tiède, la promenade et les exercices vocaux qui stimulent la respiration.

L'accouchement est décrit en détail. L'usage est d'asseoir la parturiente sur un fauteuil *ad hoc*. Trois femmes la soutiennent : une derrière, une de chaque côté ; la sage-femme s'assied par terre face à l'accouchée. Toutes doivent parler à la patiente pour la rassurer et la réconforter, l'inviter à ne pas crier, mais plutôt à gémir en refoulant son souffle dans ses flancs pour pousser. Il faut soutenir son périnée pour éviter une déchirure, mais ne pas trop la regarder pour ménager sa pudeur. L'enfant sera reçu sur du linge propre et posé à côté de sa mère, en attendant la sortie de l'arrière-faix. Certaines femmes coupent le cordon avec un tesson de verre ou de faïence ; il faut employer une lame métallique, vider le cordon et le lier avec un brin de laine, moins tranchant que le lin. Les barbares, Germains, Scythes, et même certains Grecs plongent ensuite le nouveau-né dans de l'eau froide (ou du vin froid), pour opérer une sélection : celui qui a des spasmes ou qui pâlit ne sera pas élevé. Il vaut mieux, dit Soranos, nettoyer le petit corps avec du sel fin délayé dans du miel, de l'huile, ou une décoction d'orge ; puis le baigner dans de l'eau tiède.

Les soins de puériculture décrits ensuite ont été adoptés dans tout l'Occident et respectés pour l'essentiel pendant seize siècles. Il s'agit de modeler le petit corps pour confirmer sa forme humaine. Un usage populaire consiste à le coucher dans une grosse bûche évidée, sur un sac de foin ou de paille ; des sangles transversales l'empêchent de bouger. D'autres femmes, dont les Macédoniennes, attachent le nourrisson sur une planche pour aplatir le dos et la nuque. Méthodes trop rudes, dit le docteur, qui préfère l'emmaillotage. La femme prend l'enfant sur ses genoux et l'enroule dans des bandelettes de laine propres, moelleuses, un peu usées. Les bras sont enveloppés en prenant soin que les mains soient bien ouvertes ; les jambes sont séparées pour éviter toute ulcération ; on serre un peu les articulations pour obtenir leur finesse. L'emmaillotage sera peu à peu modifié à partir du 40e jour : on libérera d'abord le bras droit pour éviter que l'enfant devienne gaucher, puis les autres membres. Trop de femmes se dispensent de ce travail par simple paresse.

La nourrice doit baigner l'enfant chaque jour, dans une pièce chaude et pas trop claire : elle le démaillote, le frictionne à l'huile d'olive, puis le tient un moment dans l'eau tiède. Ensuite elle le prend par les chevilles, tête en bas, pour étirer la colonne vertébrale. Elle le masse en prenant soin de bien assouplir chaque membre, de façonner, s'il y a lieu, la forme du crâne et celle du nez, de vider par aspiration le nez et les oreilles. Pour le garçon, on tirera chaque jour son prépuce et on calera ses bourses sur un peu de laine (les Romains, qui se montraient nus au gymnase, tenaient à la bonne apparence de leurs organes virils).

Que la mère allaite elle-même était pratiquement exclu dans la clientèle de Soranos. Des moralistes accusent les grandes dames de vouloir préserver leur liberté, et la beauté de leurs seins. Il est possible également que les plus sensibles aient évité de s'attacher à un tout-petit, dont la survie restait aléatoire. Mais le père, lui aussi, avait ses raisons : il voulait privilégier sa lignée, au détriment de celle de son épouse : or tout le monde croyait que le lait, comme le sang, transmettait des caractères héréditaires. En outre, le père redoutait l'intimité de l'allaitement : la force de ce lien charnel et affectif risquait d'accroître l'influence de la mère (alors qu'on pouvait changer la nourrice). C'est pourquoi, sans doute, le garçon était écarté du sein maternel plus systématiquement que la fille. Soranos rappelle que le lait d'une femme est le meilleur pour son enfant, mais il ne réprouve nullement l'emploi de nourrices. Le jardinier, dit-il, fait des semis et ensuite des repiquages : le nouveau-né se trouvera bien d'être porté par une femme et allaité par une autre.

Comment choisir une nourrice et comment la traiter ? Les conseils de Soranos ont été transmis par les médecins d'Occident jusqu'au seuil du XIXe siècle. L'âge de la nourrice peut varier de 20 à 40 ans ; elle aura mis au monde et élevé avec succès deux ou trois enfants. Elle évitera les rapports sexuels. « Outre qu'elle refroidit l'affection portée au nourrisson, en raison de la distraction produite par le plaisir des sens, la copulation gâte aussi le lait... en réveillant le flux menstruel et en aboutissant à la conception. » La nourrice sera sensible et patiente : honte à celle qui laisse crier le petit ou qui le bouscule. Pour que son lait soit bon, elle renoncera à certains légumes (asperges, poireaux, oignons, ail), elle préférera le pain blanc, les jaunes d'œuf, le blanc de volaille, le poisson de roche (loup, rouget). Elle enrichira son alimentation à mesure de la croissance du nourrisson ; et s'il est malade, c'est elle qui prendra des médicaments.

Elle se livrera à des exercices pour faire bouger ses seins : pour les femmes riches, le jeu de balle, l'aviron, les haltères ; pour la nourrice modeste, faire le lit, puiser de l'eau, piler et moudre le grain. La nourrice ne doit jamais prendre l'enfant dans son lit, de crainte de l'étouffer. Elle ne doit pas l'allaiter à tout moment. S'il pleure, ce qui n'est pas toujours mauvais pour lui, on pourra le bercer, lui parler, chanter. Le sevrage sera progressif, à partir du 6e mois : on donnera à l'enfant des bouillies de céréales. Le docteur rappelle ensuite avec résignation que les petits enfants sont sujets à de très nombreuses maladies, contre lesquelles on ne peut rien.

Quels pouvaient être les sentiments des femmes concernées, la mère et la nourrice ? Dans les meilleurs cas une collaboration amicale s'organisait sans doute entre elles. Tel bas-relief les montre occupées ensemble à donner le bain. Mais le petit de la nourrice que devenait-il ? Cette femme était souvent une esclave. Pour elle nourrir l'enfant du maître était sûrement un privilège : on la traitait avec égards ; si le nourrisson prospérait, elle recevait des cadeaux. La relation avec le bébé pouvait devenir chaleureuse, et se prolonger audelà de l'allaitement. Capter et conserver l'affection de l'enfant, c'était peut-être une compensation, un moyen de s'adapter à ce destin servile. Plotin (qui a vécu au IIIe siècle après J.-C.) raconte qu'il eut beaucoup de peine à quitter sa nourrice, à l'âge de 8 ans, pour aller à l'école...

À partir du Ve siècle de notre ère, la civilisation romaine a été, comme on sait, submergée par des envahisseurs. Mais le droit romain, redécouvert en Italie au XIe siècle, fut bientôt préféré aux coutumes barbares et pénétra peu à peu les institutions de tous les futurs États européens. Son prestige et son autorité se sont encore accrus au XIIIe puis au XVIe siècle. Quant aux ouvrages médicaux, conservés et recopiés dans les monastères, ils ont été la principale source de savoir des médecins occidentaux au moins jusqu'à l'âge classique et, pour certains éléments, jusqu'à la révolution pasteurienne.

III. – L'héritage judéo-chrétien

Le monothéisme refoule les récits et les mythes de l'Antiquité gréco-latine. Quand Dieu se révèle, il transcende tout. L'espèce humaine naît de la parole du Très-Haut, sous son regard elle est *une*. Tout particularisme perd son sens, même les catégories de sexe : au plan ontologique l'homme et la femme sont égaux. Cependant le Créateur est bientôt perçu comme Père tout-puissant : il n'y a plus de déesse mère. La paternité seule est divine, souveraine, et la maternité lui est en quelque sorte annexée. Les représentations de la maternité se structurent autour de deux figures humaines : Ève et Marie.

Ève, créée à partir d'une côte d'Adam, est « os de ses os », « chair de sa chair », comme enfantée par lui, et toujours désireuse de se réunir à lui. Le serpent qui vient la tenter au Jardin d'Éden a été assimilé à Satan. Mais dans certaines religions orientales, c'était un symbole phallique, attribut de certaines déesses de la fécondité. Et l'objet défendu est un fruit porté par l' « arbre de vie ». La femme accueille le serpent et désire le fruit : c'est bien dans sa fonction reproductrice qu'elle est vulnérable. D'ailleurs, après la faute, c'est à travers l'enfantement qu'elle subit la malédiction divine. Élohim lui dit : « Dans la peine tu enfanteras. À ton homme ira ta passion, et il te dominera. » Condamnation qui pèse encore sur les parturientes d'aujourd'hui.

Le mythe de la Genèse exprime peut-être une prise de conscience inquiète face à la sexualité humaine, si difficile à gérer. Les femelles des autres mammifères connaissent un rut, après quoi tout se calme ; alors que la femelle humaine est toujours disponible. Le mariage a pour but de contrôler à la fois la sexualité et la fécondité féminines ; c'est une institution sévère pour les femmes. Chez les Hébreux de l'Antiquité, la polygamie était pratiquée au seul avantage de l'homme. Élohim a dit au premier couple : « Croissez et multipliez-vous, et emplissez la terre. » La vie reçue doit être transmise par l'amour du couple. Après la chute, Ève reçoit son nom, qui signifie : mère des vivants. Le judaïsme ne valorise ni la virginité, ni la chasteté des époux : une femme est vertueuse si elle élève une nombreuse famille. Les enfants constituent une bénédiction, mais ils sont aussi à l'origine de bien des chagrins. Ève a eu deux fils qui ne s'aimaient guère : Caïn a tué Abel. Le serpent promettait aussi la connaissance du bien et du mal, la maîtrise de tous les secrets de la création, la science totale. Ève fut tentée avant Adam. L'histoire de la chute essaie de combler un abîme aussi vertigineux pour la femme que pour l'homme : l'être humain a l'intuition et le désir du savoir universel, du pouvoir sur la nature, de l'immortalité ; et il observe en même temps la brièveté de son passage en ce monde.

Sara mère d'Isaac, Rébecca mère de Jacob, Rachel

mère de Joseph et Benjamin, Hannah mère de Samuel ont attendu longtemps avant d'être mères. Leur longue stérilité les affligeait sans les priver de l'amour de leur mari. Pourquoi le dieu des Hébreux infligeait-il cette épreuve à certaines femmes ? Pour signifier que l'enfant désiré serait un être d'exception ? Ces exemples illustres rassuraient celles qui tardaient à concevoir. Salomon, dans sa sagesse, a marqué la différence entre la bonne et la mauvaise mère. La bonne mère n'est pas celle qui veut un enfant à tout prix, c'est celle qui veut que son enfant vive, même s'il doit lui échapper à jamais.

À l'origine du culte de la Vierge Marie[1] on ne trouve qu'un fondement historique bien mince. Parmi les Évangélistes, Marc et Matthieu la citent mais ne lui accordent pas d'importance. Jean mentionne sa présence à Cana et au Calvaire. Seul Luc, qui raconte l'enfance du Christ, la met en scène de manière directe et personnelle, mais pour un passage bref. L'apôtre Paul l'ignore. Sur ces bases modestes, la piété populaire a bientôt développé une mythologie luxuriante qui s'exprime surtout à travers les évangiles dits apocryphes diffusés dès la fin du Ier siècle et au cours du IIe. La doctrine savante s'est élaborée plus tard sous la pression des hérésies : face aux gnostiques qui voyaient Jésus comme un pur esprit, face aux adeptes d'Arius qui niaient la divinité du Christ, les théologiens chrétiens ont affirmé la *double nature* du Messie,

1. Hugues du Manoir et coll., *Maria,* Beauchesne, 1950-1971, 8 vol. parus ; Maria Warner, *Alone of all her Sex. The Myth and the Cult of the Virgin Mary,* London, Weeidenfeld & Nicolson, 1976, trad. franç. *Seule entre toutes les femmes. Mythe et culte de la Vierge Marie,* Paris, Marseille, Rivages, 1989.

vrai dieu et vrai homme (concile de Nicée en 325) ; son humanité impliquait qu'il ait été porté, mis au monde, allaité par une femme. Les récits populaires et plus encore les débats dogmatiques sont d'une profusion déconcertante. Qu'apportent-ils de neuf aux représentations de la maternité ?

« Je suis la servante du Seigneur », répond Marie à l'Ange de l'Annonciation. C'est à Dieu qu'elle obéit, sans consulter Joseph : son *« Fiat »* est l'expression même de la foi, et le point de départ de toute la théologie mariale. Cette humble fille, qui vit dans une province obscure de l'Empire romain, illuminée par la révélation qu'elle reçoit, remet en cause la société patriarcale : pour elle il existe une autorité supérieure à celle de l'époux, supérieure même à celle de tout être humain, c'est la volonté divine. Le message de l'Annonciation écarte aussi le matriarcat. En affirmant avec force le principe de paternité, il prévient toute maternité sans loi, toute relation symbiotique où la mère posséderait l'enfant comme un bien propre. Le message affirme encore la transcendance de l'enfant, créature et image de Dieu, inscrit dans un réseau symbolique dès avant sa naissance. La paternité divine le protège de l'accaparement maternel, comme de la redoutable puissance paternelle. L'enfantement n'est pas seulement « naturel » : accoucher ce n'est pas mettre bas. Le message précise les conditions humaines de la maternité : *humaines* c'est-à-dire spirituelles.

Lorsque Marie visite sa cousine Élisabeth, enceinte du futur Jean-Baptiste, ce dernier tressaille, fœtus sensible, à l'approche du Sauveur. Marie récite le *Magnificat.* Ce poème dépasse la jubilation de la future mère : il dit l'espérance de tout un monde, l'espérance du salut. Les deux femmes communient dans la joie d'enfanter. *Mater gloriosa.*

Qu'une vierge devienne mère n'était pas incroyable selon la Bible : Dieu tout-puissant avait permis que Sara, âgée de 90 ans, mette au monde Isaac. Des débats théologiques passionnés ont établi que Marie était vierge avant son accouchement (et même impubère puisqu'elle n'a jamais été menstruée) ; elle est restée vierge pendant ses couches *(in partu),* et aussi après *(post partum)* (concile de Chalcédoine en 451). Elle a été dispensée des rapports sexuels, exonérée des angoisses et des douleurs qui accompagnent la parturition, et elle n'a enfanté qu'une seule fois. Cette élaboration doctrinale vise à la dissocier nettement de deux catégories féminines appartenant à la mythologie gréco-latine : d'une part les vierges hautaines, qui, comme Athéna, refusent de procréer ; d'autre part les belles mortelles séduites par Zeus (ou tel autre Olympien). Jésus n'est pas un héros antique comparable à Héraclès. Le fils de Marie échappe à toutes les souillures du corps féminin, il n'est pas le fruit d'un désir charnel, et ce n'est pas sa mère qui le conçoit. Comme le dit le Symbole des Apôtres, Jésus « a été conçu du Saint-Esprit, est né de la Vierge Marie ». Selon les psychanalystes ces croyances expriment des fantasmes : le fils se plaît à imaginer sa mère toujours vierge, préservée des copulations charnelles et des accouchements sanglants ; quant à la fille, elle rêve parfois d'engendrer seule, sans subir le poids du mâle.

Après la naissance du Christ, une ombre s'est peu à peu étendue sur la physiologie féminine liée à la reproduction. Le christianisme a promu le célibat, chaste et consacré, au rang de vertu supérieure (pour les hommes autant que pour les femmes). Le mariage même a été perçu comme une forme d'esclavage du corps et de l'esprit. Les chrétiens des premiers siècles ont cru que la fin du monde était proche : à leurs yeux la reproduction était vaine. Ils se préparaient à la parousie (retour glorieux du Christ) par une vie consacrée au service de Dieu. Saint Augustin a dénoncé la sexualité comme le mal suprême : impulsion du désir que la volonté ne peut dominer, le sexe asservit la créature et l'éloigne de Dieu. Saint Ambroise, saint Jérôme ne pensaient pas autrement. La chasteté, la virginité furent prêchées aux croyants comme vertus « salutaires » par excellence, bien préférables à la fécondité. Pour les femmes pieuses, la maternité charnelle a cessé alors d'être une vocation prioritaire : les chrétiennes ont obtenu les premières le droit de refuser le mariage et la procréation, pour se consacrer à Dieu. Et la réserve à l'égard de la génération est restée depuis lors un trait caractéristique de la culture occidentale.

Marie elle-même aurait été conçue « sans péché », sans concupiscence : c'est le dogme de l'Immaculée Conception. Il ne s'est pas imposé facilement : saint Bernard, saint Thomas d'Aquin l'ont refusé. C'est seulement en 1854 que le pape Pie IX l'a reconnu. Résistance qui n'avait pas empêché Anne, grand-mère de Jésus, de devenir objet de culte en Occident.

Marie n'a eu qu'un Fils unique : ce n'est pas une mère de famille nombreuse. Les premières images représentant Marie pouvaient faire craindre une confusion avec les déesses païennes de la fécondité : en Orient et dans le sud de l'Italie, Marie fut d'abord figurée au milieu d'une végétation proliférante, ou auprès d'une source ; le christianisme a été prêché en

Occident au moment ou les femmes adoptaient le culte de Cybèle, qui ressemble à Déméter. Or ces grandes mères telluriques disposent de pouvoirs obscurs et redoutés. Marie n'a rien à voir avec elles ; elle n'est pas mère par la chair, mais par l'Esprit ; elle ne transmet pas seulement la vie, mais la foi. Les docteurs de l'Église n'ont pas fait obstacle à la croyance populaire selon laquelle Marie a donné le sein à son Fils. Le lait maternel avait une riche signification symbolique : aliment primordial, vital pour le nouveau-né, produit suave du sein féminin, le lait évoque aussi le dévouement sans limite de la mère, l'oblation de son corps, la relation intime qu'elle noue avec son petit. Les mystiques imagineront la grâce divine sous forme de lait qui nourrit l'âme. Le lait de la Sainte Vierge symbolisera bientôt sa compassion inépuisable pour les pauvres humains.

Certains exégètes soulignent la froideur de Jésus qui tient sa mère à distance, d'autres défendent l'idée d'une relation privilégiée. Ainsi lorsque Jésus, âgé de 12 ans, prêche devant les docteurs du Temple de Jérusalem, laissant durant trois jours ses parents sans nouvelle, Marie s'inquiète et proteste ; mais l'enfant comme n'importe quel adolescent répond en revendiquant sa liberté : la liberté d'obéir à Dieu plutôt qu'à ses parents. Aux noces de Cana, Marie manifeste sa confiance absolue dans ce fils qu'elle admire, et qui hésite encore à faire connaître ses pouvoirs surnaturels : elle lui signale que le vin manque, et, malgré une réponse réticente, elle invite les serviteurs à faire tout ce qu'il dira. Jésus se décide alors à accomplir son premier miracle : tout se passe comme s'il avait attendu que sa mère l'y incite. Jean l'Évangéliste qui rapporte cet épisode souligne que Marie est intervenue auprès du Messie pour venir en aide à des gens simples. Ce rôle d'intercession fut confirmé ensuite au Calvaire par Jésus crucifié. Voyant sa mère et son disciple Jean l'un près de l'autre, il dit à Marie : « Femme voici ton fils », et à Jean : « Voici ta mère ». Il désigne donc Marie comme mère de tous les disciples et de tous les chrétiens à venir, médiatrice par excellence : par elle la Rédemption devient possible. La présence de Marie au pied de la croix impose aussi l'image de la *Mater Dolorosa* : immensité de la douleur, mais aussi résignation muette devant le sacrifice accepté par le fils.

L'intercession et le deuil reflètent une conception « patriarcale » de la famille, où la femme compte surtout comme génitrice. Si elle semble parfois exercer un pouvoir c'est toujours par l'intermédiaire d'un homme, ici le fils ; elle ne fait jamais obstacle aux décisions masculines. Marie est en effet une figure historiquement construite, au sein d'une société antique du pourtour méditerranéen. Cependant, la dame d'intercession a largement dépassé le contexte qui l'a produite : sans doute parce que les sociétés occidentales sont demeurées patriarcales, mais aussi parce qu'elle a pu s'adapter aux souffrances et aux aspirations des peuples chrétiens. Ainsi au seuil du XIIe siècle, elle accompagne un brillant renouveau culturel : les cathédrales alors construites lui sont presque toutes consacrées. Saint Bernard, qui, à 17 ans, avait été très éprouvé par la mort de sa mère, donne un nouvel élan au culte marial. Plus tard, les représentations de la Nativité de Jésus, celles de la Sainte Famille traduisent une nouvelle sensibilité, une nouvelle culture.

La Réforme marque une rupture. Les protestants refusent la sainteté de Marie. Elle a porté le Fils de Dieu soit, mais séparée de son fruit, elle n'est plus qu'une simple femme, aucun culte ne lui est dû. Calvin se moque des reliques proposées à la crédulité des fidèles : notamment des gouttes de « lait de la Vierge » conservées pieusement dans de nombreuses paroisses... Si la Contre-Réforme fait disparaître *Maria lactans* de l'iconographie catholique, elle réaffirme tous les éléments du dogme : nier la virginité constitue un blasphème. Depuis lors, l'Europe du Nord réformée et l'Europe du Sud restée catholique n'accordent plus à la Mère du Christ le même rôle, ni le même prestige. La « déchristianisation » qui accompagne la Révolution française s'attaque aussi au culte marial. Ce qui n'empêche pas celui-ci de ressusciter avec éclat au XIXe siècle. Les apparitions de la Sainte Vierge se multiplient, accompagnées de miracles, à La Sallette (1846), à Lourdes (1858), à Fatima (1917), et plus récemment (juin 1981), à Medjugorje en Bosnie. Les dévotions déplacent des pèlerins de plus en plus nombreux, pas seulement parmi les catholiques.

La mère du Christ n'est pas seulement une consolatrice. Elle a mis à distance la reproduction de l'espèce. Sa relation avec le père et avec le fils a été spiritualisée. Médiatrice, elle participe à la rédemption. En élevant la maternité au-dessus de la nature, et même au-dessus de l'affectivité, elle l'arrache à l'immanence, elle la transfigure : aux femmes les plus humbles, elle ouvre l'accès à la transcendance. Le mythe et le culte de la Vierge mère ont permis aux chrétiens de compenser la disparition des déesses par l'assomption d'une femme, fille, épouse, et mère de Dieu.

Chapitre II

LA MATERNITÉ COUTUMIÈRE

Les grandes invasions et des guerres locales ont ravagé les villes et les campagnes d'Occident durant le haut Moyen Âge. Les sources d'information concernant la maternité sont rares et pauvres, même au temps de la « renaissance carolingienne ». Puis la paix se rétablit à partir du XIe siècle. Alors s'organise ce qu'on appelle la société traditionnelle, essentiellement rurale, bien que les villes se développent progressivement[1]. Les coutumes « barbares » des peuples envahisseurs ont assez peu modifié, du côté des mères, les dispositions établies durant l'Antiquité. Et jusqu'au XVIIIe siècle, la fonction maternelle – pratiques et représentations – ne connaîtra pas de transformation fondamentale. À l'exception de la mère de Dieu, la maternité ne fait l'objet d'aucune valorisation. Elle est « affaire de femmes » qui gèrent à leur manière l'enfantement et la première éducation. Toujours tenue pour inférieure, toujours subordonnée, la mère détient pourtant une autonomie assez large dans le domaine qui lui est propre. Le contrôle masculin – du

1. Cf. Georges Duby, *Dames du XIIe siècle,* Gallimard, NRF, 3 vol., 1995-1996 ; Shulamith Shahar, *Die Frau im Mittelalter,* Königstein/TS, Athenaüm, 1981, trad. angl. *The Fourth Estate. A History of Women in the Middle Ages,* London, New York, Methuen, 1983.

père, des prêtres, des médecins – reste plus théorique que réel. Les différences qui s'affirment au cours du temps dépendent surtout du statut social de la famille.

I. – Le parcours initiatique

La maternité comporte une suite de séquences complexes : puberté, fécondation, grossesse, accouchement, allaitement, maternage, éducation, séparation. Celle qui entre dans cette aventure n'est jamais seule : elle développe son expérience individuelle au sein d'une communauté. Les étapes sont prévues et codées : l'enfantement prend la forme d'un parcours initiatique, à la fois social et culturel. La culture occidentale proposait aux filles et aux femmes deux traditions imbriquées. La plus ancienne, rustique, empirique, se transmettait depuis les temps néolithiques : liée au fonctionnement des sociétés agraires, elle visait à stimuler la reproduction, à confirmer toute femme dans la vocation maternelle, afin que le désir personnel de chacune corresponde au besoin de l'espèce. La sagesse rustique a longtemps confondu la fécondité de la femme avec celle de la terre, matrice et creuset de tous les êtres. La graine d'enfant était d'abord produite par cette matrice primordiale, le corps de la femme n'étant qu'un lieu de passage capable de capter et mûrir un enfant graine[1]. L'homme aidait à le fixer et à le façonner en connaissant assidûment sa compagne ; mais son intervention était perçue comme seconde, voire secondaire. La femme qui nourrissait l'enfant longuement, de son sang, puis de son lait, était plus mère que

1. Jacques Gelis, *L'arbre et le fruit,* Fayard, 1984.

l'homme n'était père. L'autre tradition plus tardive, mais de mieux en mieux installée au cours du Moyen Âge, c'est la tradition chrétienne. Elle prêche, on l'a dit, la chasteté plutôt que la fécondité ; et le christianisme est une religion du Père. Aussi les deux traditions occidentales ne coïncident-elles pas toujours, ce qui laisse aux femmes une relative liberté d'adaptation.

Ainsi pour l'éducation féminine : la culture rustique poussait la fille à se comporter comme une future procréatrice ; la culture chrétienne l'invitait à rester vierge. La fille était instruite très tôt de la signification de son sexe. Elle aidait à soigner les enfants plus jeunes ; elle voyait les bêtes s'accoupler et mettre bas, elle ne pouvait ignorer les couches de sa mère. La puberté scellait son destin : le sang des règles, doué d'une haute valeur symbolique, annonçait le sang de la défloration et le sang des couches. Quand son sang « marquait » son linge, la fille commençait à « marquer » son trousseau (si elle avait les moyens d'en constituer un). Le linge, linge de corps, linge de maison, accompagne toutes les fonctions féminines, au lit, à table, à la toilette. Confectionner un trousseau, c'était méditer sur le corps et sa destination. Dans les sociétés rurales le folklore érotique tenait lieu d'éducation sexuelle : le carnaval, les moissons, les vendanges, fêtes païennes, « désordres » conformisés, invitaient au rapprochement des sexes. Les amours sont une loi de nature. Au contraire, la tradition chrétienne prêchait inlassablement la chasteté, le mariage étant toujours présenté comme une occasion de péchés multiples. Celle qui cède à l'attrait du fruit défendu tombe dans la dépendance de l'homme. « Qui a mari a seigneur. » Elle s'expose en outre aux souffrances et aux périls de l'enfantement. L'alternative c'était le célibat consacré, la vie religieuse. Certaines « vocations » étaient imposées par la famille, mais beaucoup étaient authentiques. D'ailleurs les « saintes filles » ne se croyaient nullement exclues de la fonction maternelle, elles assumaient souvent une maternité non charnelle, en élevant des orphelins et en instruisant les filles. Le deuxième sexe n'était donc pas assigné à la reproduction.

Le folklore des noces, à la campagne du moins, rappelait avec insistance qu'on se marie pour enfanter. Les rites propitiatoires en faveur de la fécondité du couple étaient nombreux et divers[1]. L'espoir de progéniture était inclus dans la « conjonction charnelle ». Pourtant l'ascétisme chrétien a longtemps fait peser une sorte de honte sur l'acte charnel et sur ses conséquences. La grossesse, fruit de la concupiscence, stigmatisait la fille d'Ève : il n'était pas décent de s'en réjouir. Si la grossesse tardait, l'épouse était tenue pour seule responsable : son ventre, glèbe trop pauvre, ne pouvait mûrir la graine. À elle de visiter les sources miraculeuses et autres lieux bénéfiques ; à elle de multiplier les pratiques magiques, les pèlerinages, les dévotions, les aumônes. Enfin grosse, elle n'avait rien de particulièrement respectable. Son état était banal : une épouse féconde donnait un enfant tous les 20 ou 30 mois, les intervalles intergénésiques étant plus ou moins longs selon la durée de l'allaitement. Elle ne changeait rien à son travail ordinaire. Et si elle impatientait son seigneur et maître, les cris et les coups

1. Arnold Van Gennep, *Le folklore français,* Laffont, 1999.

pouvaient pleuvoir. Cependant, le lien entre la mère et le fœtus était bien perçu : une foule de prescriptions dictaient le comportement de la future mère dans l'intention de protéger l'enfant. On redoutait beaucoup de voir naître un monstre, une bête, ou simplement un infirme qui serait à charge. D'où les innombrables pratiques conjuratoires. La femme pouvait écouter son corps, exprimer ses « envies », qui étaient prises au sérieux et qu'on s'efforçait de satisfaire. Si une fausse couche survenait, parentes et amies consolaient la jeune femme : on parlait d'accident, on impliquait la volonté divine toujours impénétrable, on assurait que l'être perdu, s'il n'avait pas encore bougé, n'était pas un enfant.

Il est certain que l'enfantement est demeuré périlleux jusqu'au XXe siècle. Donner des taux moyens de mortalité, maternelle et infantile, n'a pas grand sens, car ces taux variaient considérablement selon les moments et les régions ; ils sont d'ailleurs mal connus avant l'ère statistique. L'ignorance des sages-femmes pesait sûrement moins que l'état des parturientes : femmes trop souvent mal nourries, accablées de travail, exposées aux intempéries. Le rachitisme, l'anémie épuisaient prématurément les jeunes femmes. Le recul de la mortalité coïncide avec une amélioration générale des conditions d'existence.

Les douleurs de l'accouchement n'ont jamais été perçues comme naturelles : elles représentaient le châtiment infligé à Ève. Toutefois, leur signification n'était pas négative : offertes à Dieu avec soumission, elles contribuaient au rachat des péchés, et entraient ainsi dans l'économie du salut ; celle qui les subissait trouvait dans cette croyance la force de les mieux supporter. Mais il n'a jamais été interdit de les alléger[1]. Divers objets supposés faciliter l'expulsion avaient le mérite de rassurer et d'encourager la patiente : ainsi la ceinture de sainte Marguerite qu'on se passait de femme à femme, ou la rose de Jéricho qui s'ouvre comme une vulve. Quand tout se passait bien, c'était la fête autour de l'accouchée et du nouveau-né. Tout un essaim de femmes parentes et voisines se rassemblait pour féliciter, cajoler la jeune mère, admirer son poupon, apporter des cadeaux, évoquer des souvenirs, trinquer, grignoter, papoter. Ces réunions chaleureuses constituaient des moments forts de la sociabilité féminine. La maternité, assumée collectivement, était alors le fondement de l'identité féminine, au plan social comme au plan individuel.

Cependant les sociétés rurales savaient faire place au père. Dans une large part de l'Europe méridionale s'est maintenue sous des formes variées la très ancienne coutume de la couvade... Ailleurs, il allumait du feu, chauffait de l'eau, tenait la lampe. En quelques lieux, le père ôtait sa chemise pour envelopper le nouveau-né, symbole très parlant...

Longtemps les hommes de l'art ont répugné à intervenir, considérant la tâche comme trop ingrate, et dégoûtante. Au XVIe siècle, tout commence à changer. Les matrones jusque-là peu surveillées sont devenues suspectes en raison des troubles religieux : on les accusait de magie, de sorcellerie, de complicité dans l'infanticide et l'avortement. L'Église et la Monarchie leur ont imposé de s'organiser en corporation sous

1. Françoise Loux, *Traditions et soins d'aujourd'hui,* Paris, InterÉditions, 1983.

la surveillance des chirurgiens. Ceux-ci, soucieux d'étendre leur compétence, ont inventé des instruments pour extraire un enfant du corps de sa mère, et ils en ont interdit l'emploi aux sages-femmes. Le forceps utilisé au XVIIe siècle, perfectionné au XVIIIe (par Levret en France et Smellie en Angleterre), marque le début des ambitions masculines dans le domaine de l'obstétrique. L'opération césarienne a fait l'objet d'une longue controverse. Certains religieux souhaitaient qu'on la pratique sur la femme vivante, pour pouvoir baptiser l'enfant qui ne pouvait pas naître. La plupart des médecins préféraient tenter le baptême *in utero.*

L'usage s'est établi de baptiser le nouveau-né le plus tôt possible afin qu'il puisse aller au paradis en cas de décès. Le sacrement signifiait aux parents que l'enfant ne leur appartient pas : il appartient à Dieu, seul créateur, et à l'Église, communauté des chrétiens. D'ailleurs des parrain et marraine, parents spirituels, étaient substitués ce jour-là aux parents naturels. La mère, à peine accouchée, n'assistait pas au baptême. Mais une autre cérémonie la concernait personnellement : les *relevailles.* Ce rite, hérité de l'Ancien Testament, fut d'abord compris comme une « purification » physique et morale après la délivrance. L'Église l'a transformé en actions de grâces. Dans certaines régions c'était l'occasion d'un banquet familial et amical, une fête plus joviale que le baptême.

L'allaitement maternel n'est jamais « naturel », il accuse au contraire un seuil entre nature et culture[1]. Il dépend moins du désir de la mère que de sa condition

1. Mères et nourrissons, *Annales de démographie 1983,* Édition de l'École des Hautes Études en sciences sociales.

sociale et des codes culturels, religieux, médicaux en usage. Dans l'ancienne société, la jeune mère ne pouvait pas toujours se consacrer à son nourrisson. Quand les tâches quotidiennes étaient lourdes, le nourrissage ajoutait une charge souvent excessive. La femme s'épuisait, son lait s'appauvrissait : cause majeure de mortalité infantile. Autre empêchement : les droits du mari. Un dicton très répandu affirmait que « le sperme gâte le lait » : les relations sexuelles étaient donc évitées pendant le nourrissage. La dentition marquait souvent la reprise des relations conjugales ; le sevrage constituait une étape d'autant plus dangereuse qu'il coïncidait souvent avec l'épreuve de la dentition. Or le lait animal est resté longtemps suspect : on redoutait qu'il ne transmette des formes de bestialité ; on manquait donc de nourritures de transition. Les femmes cuisaient longuement des bouillies de céréales, et les imbibaient de leur propre salive au moment de les donner à l'enfant. Mais un grand nombre de bébés mouraient. Les couples qui avaient les moyens employaient des nourrices mercenaires. La décision appartenait au père. Tous les contrats de nourrissage qui ont été conservés (en Toscane par exemple) étaient signés par deux hommes : le géniteur et le nourricier ; les femmes n'avaient rien à dire. Il semble que les pères aient écarté surtout les cadets en surnombre. Mais certains hommes refusaient de partager leur épouse avec un nourrisson geignard et malodorant. Les prêtres n'ont jamais condamné la mise en nourrice : ils redoutaient pour le père le péché d'adultère.

Nous appelons à présent maternage les soins donnés au petit enfant. Chez la femelle humaine ces soins particulièrement absorbants et pénibles ne sont jamais instinctifs, spontanés, « naturels », mais toujours appris. Les modèles sont souvent inventés et imposés par les hommes, au nom de principes réputés supérieurs, ensuite interprétés par les femmes selon leurs commodités. Un seul exemple : le maillot, déjà utilisé, on l'a vu, dans la Rome antique. Les paysannes de l'Ancien Régime l'ont adapté à leurs besoins. Le maillot facilite le transport du tout petit qu'on emmène aux champs sous le bras, ou dans une hotte. Le maillot empêche l'enfant au berceau de se découvrir, et le protège contre le froid ; il sert de tuteur : de même qu'on fixe l'arbuste à un pieu rigide pour qu'il pousse droit, de même on dirige la croissance du petit corps mou et tendre.

La relation mère-enfant, si intime, si personnelle, n'a finalement, malgré les apparences, qu'une autonomie relative : elle est inscrite dans un ensemble culturel et normatif qui la conditionne, en laissant toutefois un jeu suffisant où l'initiative féminine peut intervenir.

Au-delà de la petite enfance l'éducation respectait le partage des sexes : la mère dressait et surveillait ses filles, le père, ses fils. La fonction éducatrice de la mère a toujours été reconnue en raison de l'influence, souvent décisive, qu'elle exerce. Faut-il rappeler le rôle de sainte Monique auprès de saint Augustin ? Au cours du Moyen Âge, Guibert de Nogent, Bernard de Clairvaux, Jeanne d'Arc et bien d'autres attestent qu'ils ont appris de leur mère les prières et les vérités de la foi. Philippe Ariès[1] avait cru démontrer que le

1. Philippe Ariès, *L'enfant et la vie familiale sous l'Ancien Régime,* Paris, Plon et Le Seuil, 1960, rééd. 1973.

« sentiment de l'enfance » se manifeste seulement à partir du XVIe siècle. Les protestations des médiévistes et des antiquistes l'ont amené à préciser qu'il y a deux sentiments de l'enfance : celui des mères et des nourrices qui, en tous temps, aiment et soignent les petits ; celui des moralistes soucieux d'éducation qui se mobilisent à la fin du XVIIe siècle. Le débat n'est pas clos. Ce qui semble vrai, en tout cas, c'est que la place de l'enfant dans la famille augmente à partir du XVe siècle.

Pour une femme mariée, la stérilité constituait une épreuve. Hormis le cas d'impuissance masculine (qui, reconnu, entraînait l'annulation du mariage), l'infécondité du couple était imputée à l'épouse. À elle de recourir aux drogues plus ou moins magiques, aux sources et aux pierres sacrées que protégeait un saint intercesseur. L'Église ne faisait peser aucun opprobre sur la femme sans progéniture. Si elle avait accompli fidèlement le devoir conjugal, si elle avait multiplié les prières et les aumônes, alors elle ne pouvait que s'incliner devant les desseins de Dieu, et trouver dans sa stérilité même une source de sanctification : dispensée des soucis que procure l'éducation des enfants, elle consacrerait son temps et sa fortune éventuelle aux bonnes œuvres. En tout cas la stérilité d'une union ne légitimait en aucune manière la séparation des époux, ni la liaison du mari avec une concubine. Une femme stérile pouvait d'ailleurs élever des orphelins : il n'en manquait pas. Avant la Révolution aucune forme légale d'adoption n'existait, mais le don d'enfant ne choquait personne.

À l'inverse il n'était nullement interdit à un couple trop prolifique de limiter sa descendance. L'Église n'était pas nataliste à cette époque. Mais les seuls procédés admis c'étaient le mariage tardif, l'allaitement prolongé, ou encore le retour à la chasteté, effort héroïque, évidemment exceptionnel. L'avortement était pratiqué entre femmes, mais il était dangereux, en raison des moyens employés : chutes, traumatismes, drogues difficiles à doser. Aussi l'infanticide a-t-il perduré, surtout dans les campagnes. On le maquillait parfois en accident : le tout-petit s'étouffait la nuit dans le lit de ses parents ; aussi, prêtres, médecins, personnes charitables s'efforçaient-ils d'imposer le berceau.

Ces conduites ne signifient nullement que la perte d'un enfant était accueillie avec indifférence. Mais la soumission à la volonté divine servait de consolation : « Dieu l'a donné, Dieu l'a repris. » Le baptême aussi apportait un apaisement : l'enfant baptisé accédait aux béatitudes éternelles, et pouvait intercéder en faveur des siens. L'Église avait mis au point une liturgie sereine, réconfortante, pour les obsèques des « innocents ».

À l'âge classique, la mort fauchait beaucoup aussi, parmi les femmes les plus fécondes. Les veufs se remariaient sans retard : les démographes ont établi qu'au XVIIIe siècle un mariage sur trois était un remariage. La seconde épouse du père a eu très tôt mauvaise réputation : le mot « marâtre » qui la désigne a pris un sens péjoratif. Au XVIe siècle on tend à le remplacer par « belle-mère », comme par politesse. Les contes de fées *(Cendrillon, Blanche-Neige)* montrent souvent une innocente jeune fille persécutée par une belle-mère, jalouse de sa beauté, ou soucieuse de l'écarter au profit de ses propres filles. Selon les psychanalystes, ces récits prennent une voie indirecte pour montrer et dénoncer une figure odieuse, intolérable : celle de la mauvaise mère, qui déteste et tourmente ses propres enfants. Le cas n'était sans doute pas exceptionnel à une époque où la mise en nourrice empêchait les attachements initiaux. En outre, les contes souvent misogynes montrent toujours des femmes rivales, haineuses, intrigantes, sorcières ; quand le père est mort ou absent tout va mal. À côté de ces interprétations psychologiques, rappelons les conditions sociohistoriques. Au XVIe siècle le droit romain supplante le droit coutumier, ce qui a pour effet de renforcer les structures patriarcales dans la famille. Le père peut déshériter tel de ses enfants, avantager tel autre. Épris de sa seconde épouse, souvent beaucoup plus jeune que lui, il considère ses enfants du premier lit comme des gêneurs. La seconde épouse essaie de capter tout l'héritage pour ses propres enfants. C'est le père qui fait la marâtre.

Le mot grand-mère est tardif : il ne s'impose qu'à partir du XVIe siècle. Auparavant on disait l'aïeule, terme évoquant la généalogie, la filiation, et aussi le pouvoir, l'autorité. Les représentations de sainte Anne en attestent : aux XIVe et XVe siècles, elle apparaît comme une sorte de déesse mère, assise sur un siège de pouvoir, avec Marie et Jésus sur ses genoux. Elle est matriarche, fondatrice de lignée : la Trinité au féminin. Au XVIe siècle, son culte disparaît en pays protestant, et la Contre-Réforme catholique réduit son prestige. Elle est alors représentée comme une vieille femme inoffensive, non plus maîtresse du lignage, mais intégrée au ménage. Au XVIIIe siècle la longévité croît, la famille à trois générations succède à la famille à deux générations, et la grand-mère se voit attribuer une fonction spécifique, que révèlent certains tableaux de Greuse : elle enseigne la tendresse. Ce trait s'accuse au XIXe siècle : elle incarne une idéalisation de l'amour, la récompense de celle qui a pleinement accompli sa fonction maternelle. Elle incarne aussi un autre symbole : l'éternel recommencement de la maternité.

Le parcours initiatique de la maternité construisait fortement l'identité féminine, identité individuelle et aussi collective. Les femmes appréciaient la valeur des liens affectifs. Elles découvraient aussi l'importance de ce qu'elles devaient transmettre : non seulement la vie et la santé du corps, mais les bases d'une culture, la langue maternelle, les croyances, les premiers savoirs, les codes moraux, les formes de sociabilité.

II. – La diversité sociale

Aussi loin qu'on remonte dans le temps, les sociétés d'Ancien Régime apparaissent inégalitaires, hiérarchisées. On naissait noble, paysan ou bourgeois, et on le restait. Les devoirs des mères variaient d'un milieu à l'autre. Toutefois les structures sociales ne sont jamais figées, elles évoluent avec le temps, modulant insensiblement et perpétuellement de nouvelles figures de la maternité. Aux XVe et XVIe siècles, la Renaissance, la Réforme, l'enrichissement consécutif aux grandes découvertes complexifient cette diversification, sans toutefois provoquer de révolutions dans les relations mère-enfants, ni dans l'idée qu'on s'en fait[1].

1. Giovanna Fiume (dir.), *Madri. Storia di un ruolo sociale,* Marsilio, 1995.

Dans les campagnes anciennes, les enfants étaient une nécessité : ils assuraient la pérennité du groupe, la relève de la main-d'œuvre, l'entretien des vieux. La paysanne était essentiellement reproductrice et nourricière : son rôle biologique était vital. Elle mettait au monde beaucoup d'enfants, moins par passivité que pour compenser d'avance une mortalité infantile élevée ; elle les allaitait pendant environ une année, davantage si possible, la lactation jouant le rôle de contraceptif. Le temps de l'allaitement était aussi celui du « mignotage ». Si rude qu'ait été l'éducation rustique, elle a toujours admis et protégé, dans la mesure du possible, la relation privilégiée entre la mère et le tout-petit. Les caresses, la tendresse, les cajoleries, c'était l'affaire des femmes. Le père faisait mieux de s'en abstenir, afin de garder intacte son autorité sur la maisonnée.

Le rôle nourricier de la mère, fondamental, s'étendait bien au-delà de l'allaitement. La maîtresse de maison s'occupait du jardin potager, du poulailler, de la laiterie : son travail contribuait de façon substantielle à l'alimentation familiale. Si elle avait des surplus, elle pouvait les vendre au marché, garder l'argent, jouir d'une modeste autonomie économique. Elle allumait le feu, cuisait la soupe, préparait des conserves pour l'hiver. Le père produisait le blé, mais la mère, presque partout, pétrissait et cuisait le pain. Les cultures populaires établissaient une relation étroite entre la mère et toute espèce de nourriture, les contes en témoignent : de la mère à la grand-mère du *Petit Chaperon rouge,* le lien passe par une galette et un pot de beurre. La mère avait aussi pour charge de conserver la vie et la santé des siens ; elle fut longtemps le premier médecin de la famille, connaissant les plantes curatives, ainsi que les prières et les pèlerinages appropriés à chaque maladie.

Le travail de la paysanne n'était pas dissocié de sa maternité, il en était l'expression même, la suite normale et nécessaire ; il ne la séparait guère des enfants, qui s'ébattaient autour d'elle. Elle les pliait très tôt au labeur ; elle se faisait aider de ses filles. Éducation par l'exemple, peu prolixe et souvent rude : les cris et les coups n'étaient pas épargnés.

Tant que la famille rurale a été la base principale de la production économique, la fonction maternelle et nourricière des paysannes restait vitale : elle fondait solidement leur identité et leur dignité. N'allons pas pour autant idéaliser leur destin. L'enfantement constituait pour elles une charge très lourde : elles vieillissaient vite et mouraient tôt. La mortalité infantile multipliait les deuils. Les plus pauvres étaient bientôt séparées de leurs enfants, placés comme domestiques dès l'âge de 10 ans, parfois plus tôt.

Les paysannes ont pratiqué pendant des siècles l'un des plus vieux métiers du monde, celui de nourrice mercenaire[1]. Certaines accueillaient pour une période d'environ trois ans des tout-petits dont les parents appartenaient aux couches supérieures de la société. Des liens affectifs se nouaient : le petit étranger appelait sa nourrice « maman téton », et conservait ultérieurement des relations avec sa famille d'accueil. « L'industrie nourricière » contribuait à resserrer les liens sociaux, et la relation ville-campagne. Ces femmes

1. Valérie Fildès, *Wet Nursing. A History from Antiquity to the Présent,* Oxford, New York, Basel-Blackwell, 1988.

exerçaient un véritable métier, longtemps reconnu comme tel, et leur compétence n'était pas mise en doute. Il est sans doute vrai cependant que leur pratique s'est peu à peu dégradée. On a pu les accuser de négliger leur propre enfant pour mieux nourrir celui qui leur procurait un revenu. Mais si l'enfant confié venait à mourir, la nourrice pouvait être tentée de lui substituer son propre rejeton. « Il a été changé en nourrice », disait-on d'un enfant de qualité qui décevait les auteurs de ses jours. Il arrivait aussi que des paysannes prennent en charge des enfants de l'hospice, pour un salaire très modeste ; celles-là étaient suspectes de privilégier leur progéniture et de laisser dépérir l'autre petit... Les médecins des Lumières traqueront ces négligences.

L'industrie nourricière intéresse aussi l'histoire religieuse. Les régions qui ont adopté la Réforme ont vu décliner la mise en nourrice, alors que les régions restées catholiques l'ont conservée.

Dans les couches sociales supérieures, les enfants étaient élevés, pour accroître la puissance et le prestige d'une lignée. Les dames de qualité, fières de leur haute naissance, ont vu leur rôle éducatif évoluer au cours des siècles. Elles allaitaient rarement et ne « mignotaient » pas toujours, confiant leur progéniture à des domestiques : nourrices, gouvernantes, ensuite précepteurs. Au temps de la chevalerie leurs fils, dès l'âge de 7 ans, étaient écartés du foyer familial pour aller apprendre le métier des armes auprès du suzerain ; mais elles conservaient des liens avec eux et cherchaient à conserver sur eux de l'influence. Dhuoda, duchesse d'Aquitaine, a écrit au IXe siècle le premier ouvrage d'éducation conçu par une femme, à l'intention de son fils, âgé de 16 ans. On connaît aussi l'autorité de Blanche de Castille sur le futur Saint Louis. Ou plus tard celle de Catherine de Médicis sur ses quatre fils devenus rois.

À partir de la Renaissance la fonction maternelle des grandes dames tend encore à se réduire. L'avènement des monarchies attire les familles de qualité dans les grandes villes, alors insalubres, et où les épidémies se propagent rapidement. Les jeunes enfants sont donc laissés à la campagne, le plus longtemps possible. Mais bientôt l'instruction devient nécessaire pour exercer des charges importantes, et l'essor du livre imprimé la favorise. Le clergé catholique crée alors des institutions enseignantes. Après la Réforme surtout, l'Église, soucieuse de rétablir son influence a voulu prendre en mains les jeunes générations. Les plus grands ordres religieux ont ouvert partout des collèges et des pensionnats : Jésuites et Oratoriens pour les garçons, Ursulines et Visitandines pour les filles. Ils ont su mettre en œuvre une pédagogie efficace et des programmes répondant bien aux besoins des classes dirigeantes. Si bien qu'assez souvent un enfant de qualité quittait ses nourriciers pour entrer dans un internat. La séparation d'avec les mères, les parents, ne favorisait guère l'attachement réciproque. Pourtant quand le jeune homme, la jeune fille revenait chez les auteurs de ses jours, vers 16 ans, des relations chaleureuses pouvaient se nouer : ainsi Mme de Sévigné s'est éprise de sa fille, la future Mme de Grignan. D'ailleurs l'essor de la Réforme modifie la hiérarchie des vertus : le célibat religieux perd son prestige, les liens familiaux sont appréciés autant que l'honneur nobiliaire, le « ménage » commence à compter au sein même du « lignage », les devoirs « naturels » de la mère sont valorisés. C'est ce qu'on perçoit à travers la correspondance de Louise de Coligny mariée à Guillaume d'Orange.

Reste que dans les États catholiques, les couches supérieures de la société d'Ancien Régime semblent plutôt calquer la relation mère-enfant sur la relation père-enfant, en réduisant la dimension charnelle et affective. Non que les dames aient voulu s'assimiler aux messieurs et renier la différence entre les sexes. Elles ont élaboré une féminité dissociée de la reproduction, fondée sur le charme, la séduction, le raffinement des manières et des sentiments. C'est dans une élite aristocratique qu'est né l'amour courtois. Plus tard, les « Précieuses » repoussent le mariage, c'est-à-dire le projet d'enfant, ou le retardent au maximum. Elles mettent au premier plan les jouissances de l'esprit et du cœur, cultivent l'art du langage, dessinent la carte du tendre. Les plus créatrices, en littérature, n'évoquent jamais leurs enfants, mais elles analysent longuement la relation amoureuse où s'aiguise la délicatesse des émotions, où se déchaîne l'intensité des passions. Ainsi fait Mme de La Fayette auteur de *La Princesse de Clèves*. Dissociée de la maternité, cette culture élitiste n'en retentit pas moins sur le vécu maternel. La grande dame sait introduire ses enfants adolescents dans un milieu choisi, transmettre des codes, des savoir-faire, des savoir-vivre.

Les grandes dames se sont bientôt lassées d'enfanter à répétition au service d'un lignage masculin. Dès la fin du XVIIe siècle les familles des ducs et pairs, en France, n'ont plus que deux enfants en moyenne.

On peut désigner comme « bourgeoises » toutes les roturières qui ne travaillent pas aux champs : femmes ou filles d'artisans, ou de commerçants ; femmes ou filles d'hommes exerçant des professions « libérales » (notaires, avocats, médecins) ; femmes ou filles d' « officiers » qui servent dans une administration seigneuriale ou royale. L'essor de ces catégories est perceptible à partir des Croisades, qui ont stimulé les échanges. Elles progressent ensuite grâce au développement économique qui suit les grandes découvertes. Certaines bourgeoises vivent en ville, d'autres dans des villages. Presque toutes sont laborieuses. Au Moyen Âge elles exerçaient des métiers, se groupaient en corporation, et disposaient d'une réelle autonomie économique. Mais à partir du XIVe siècle, elles ont été peu à peu refoulées par la concurrence masculine.

Dans ces milieux, la Réforme n'a guère modifié les comportements. Luther, Calvin et d'autres reconnaissent les qualités des femmes et leur dignité, mais sans leur proposer des missions vraiment nouvelles. Elles doivent être assez instruites pour lire la Bible avec leurs enfants. La plupart ont acquis une conscience mieux affirmée de la responsabilité individuelle, mais quelques-unes ont poussé les rigueurs puritaines jusqu'à l'obsession. Celles qui ont émigré en Amérique ont montré souvent un courage et une détermination exemplaires.

Les bourgeoises, en général, gardaient volontiers leurs enfants autour d'elles, ne confiant à des nourrices que des cadets en surnombre. À l'âge classique, les plus riches, imitant les nobles, envoyaient leurs aînés internes dans une institution réputée. Les mères modestes préféraient les petites écoles paroissiales ou communales. Les fils devaient succéder au père et se formaient auprès de lui. Les filles étaient destinées à épouser un compagnon, un confrère ou un disciple du père : leur mère les y préparait en leur enseignant non seulement les soins du ménage, mais aussi les manières d'aider le chef de famille, les usages de son milieu professionnel, les relations utiles.

Chez les bourgeois, le ménage compte plus que le lignage, la famille se resserre peu à peu autour du couple et de ses enfants. La figure du père domine, non plus seulement parce qu'il est chef de famille, et souvent chef d'entreprise ; mais aussi parce qu'il acquiert, perfectionne et transmet des savoir-faire et des savoirs de plus en plus élaborés. Sa femme, ses enfants voient son travail et son mérite ; ils peuvent éventuellement admirer ses succès, qui permettent l'ascension sociale. La mère dirige la maisonnée avec économie et compétence, elle gouverne les servantes (si elle en a), et prend soin de la progéniture. Bien mieux que la paysanne ou que la noble dame elle apprend à faire les comptes. Lorsque les ressources du ménage le permettent, elle recherche des raffinements qui intéressent le bien-être physique des siens : du linge fin et abondant, des meubles solides, lustrés à la cire d'abeilles, un logis vaste et bien aménagé, des victuailles choisies et cuisinées avec soin.

Tous les historiens sont d'accord : dans ces couches moyennes de la population, dans ces ménages étroitement solidaires, s'est développée peu à peu une conception nouvelle de la famille, fondée sur l'affection et le dévouement réciproque, favorable à l'expression des sentiments

Sous l'Ancien Régime, une fille ne pouvait pas se marier sans dot. Les plus pauvres renonçaient au mariage donc à la maternité. Souvent elles se louaient comme domestiques. Quelques-unes pouvaient être appelées à s'occuper des enfants de leurs maîtres, à assumer les soins du corps les plus rebutants ; ce contact leur donnait l'occasion d'un attachement réciproque avec les petits. Ces servantes-là gardaient ensuite, dans la famille, une place privilégiée : elles avaient leur franc-parler et ne se gênaient guère pour intervenir quand l'intérêt d'un enfant était en jeu. Molière en témoigne. D'autres servantes parvenaient à économiser sur leur modeste salaire pour se constituer une dot et se marier, pas toujours trop tard pour enfanter.

Les mères les plus démunies étaient souvent des veuves, ou des épouses dont le mari était devenu incapable de travailler. Elles étaient secourues par des personnes charitables, ou par l'Église, mère des pauvres. Mais ces secours étaient bien loin de suffire dans les périodes, autrefois fréquentes, de pénurie, de disette. Combien de mères ont vu leurs enfants mourir de misère ? Les parents du Petit Poucet ont préféré aller les perdre dans la forêt.

Il y a eu de tous temps des filles accouchant hors mariage. Leur sort, et celui de leur enfant, a changé au cours des siècles. Si le père de l'enfant était le seigneur local, celui-ci assumait généralement son bâtard, preuve de sa virilité : il l'élevait, l'établissait et assurait aussi l'avenir de la mère. Cet échange était une forme de lien social entre la noblesse et les milieux sociaux plus modestes. L'exemple venait de haut : les Rois de France, entre autres, ne tenaient guère compte, dans ce domaine, des admonestations de leurs confesseurs. Les paysans et les bourgeois engendraient plus rarement des enfants illégitimes. En tout cas à l'âge classique encore c'était l'homme qui faisait le bâtard. Les perspectives commencent à changer dès le XVIe siècle. Le concile de Trente ayant renforcé le sacrement de mariage, il devient impie et honteux d'engendrer un bâtard. Les séducteurs ne s'en privent pas pour autant, mais ils cessent de les avouer. Pour protéger ces petits, pouvoir temporel et pouvoir spirituel agissent de concert.

En France, en 1556, un édit royal impose à toute femme ou fille de déclarer sa grossesse aux autorités, faute de quoi elle serait punie de mort si son enfant mourait sans baptême. Cet édit visait trois objectifs : prévenir l'avortement et l'infanticide ; assurer le baptême de l'enfant, c'est-à-dire sa vie éternelle ; protéger la fille et son « fruit ». Bien des filles cédaient en effet sur la foi d'une promesse de mariage : aussi les autorités s'efforçaient-elles de retrouver le séducteur. Les grandes villes ont inventé un autre palliatif : les « refuges ». Ces établissements, tenus par des religieuses, accueillaient les filles en peine, chassées par leur famille ou par leurs maîtres. Là les pécheresses vivaient en communauté fermée, soumises à une discipline sévère de travail et de prière. Dès la naissance, l'enfant du péché était baptisé ; si sa mère ne pouvait pas ou ne voulait pas l'élever, il était confié à l'hospice. La mère pouvait rester à l'hospice comme nourrice.

Mais le mal s'est aggravé au cours du XVIIIe siècle, parce que l'autorité de l'Église déclinait, et surtout parce que, dans une société devenue plus complexe et plus mobile, le contrôle des mœurs et la surveillance des filles posaient des problèmes insolubles. D'ailleurs des filles rusées essayaient de faire endosser leur grossesse par un homme riche (mais innocent) pour en tirer des subsides. Les juges, méfiants, ne donnent plus suite. Ces grossesses mal assumées conduisent de plus en plus souvent à l'infanticide. Pour combattre ce crime, les pouvoirs publics facilitent l'abandon : en France chaque hospice est tenu d'aménager un « tour » ; cylindre pivotant, ouvert d'un côté, où l'on peut, anonymement, placer un nouveau-né pour qu'il soit immédiatement recueilli. À la veille de la Révolution française, ce sont les filles qui font les bâtards, seules. Les expressions « filles mères », « enfant naturel », qui datent de cette époque, témoignent d'un changement des représentations. Accorder une place, dans le vocabulaire et dans la société, à des mères sans mari c'était admettre implicitement que des femmes répondent seules de leurs enfants, que le groupe mère-enfants puisse ignorer le père et se passer de lui.

Chapitre III

LA MATERNITÉ GLORIFIÉE

Au cours du XVIIIe siècle, l'influence de l'Église décline sous l'effet d'une sécularisation générale des idées et des mœurs. La philosophie des Lumières met en question toutes les traditions, toutes les hiérarchies, et s'efforce de penser une nouvelle société ; elle investit fortement la maternité, pour la placer *au service de l'enfant,* avenir du monde. La femme, toujours subordonnée à l'homme, est alors valorisée comme mère. Au plan biologique, la dissection et le microscope ont émancipé le regard médical de l'autorité des Anciens et de l'autorité religieuse ; le corps de la femme, premier abri de tout être humain, devient digne d'égards et de soins. Au plan psychologique, l'amour maternel, si nécessaire au petit d'homme, émerge comme valeur fondamentale de la nouvelle société. Au plan social, la compassion maternelle est appelée à secourir les malheureux. La glorification de la maternité s'impose durant tout le XIXe siècle et la première moitié du XXe. C'est une forme nouvelle, débonnaire, paternaliste, du patriarcat.

I. – L'invention de la bonne mère

Au temps des Lumières, les juristes découvrent le « droit naturel » et les « droits de l'homme » : ils affirment la valeur intrinsèque de l'individu face aux hiérarchies, aux institutions, aux communautés. Mais la mère est-elle un individu ? Une réponse négative est donnée par de jeunes sciences en plein essor – anatomie, physiologie, psychologie.

Dès le milieu du XVIIe siècle, le médecin britannique William Harvey avait établi que les femelles mammifères coopèrent à la conception en produisant des « œufs » (le mot ovule n'apparaît qu'à la fin du XVIIIe siècle : 1798) dans lesquels se développent les embryons ; leur contribution n'est donc pas inférieure à celle des mâles (contrairement aux assertions d'Aristote et de Galien) mais elle est différente. Ce savoir s'est imposé. Au XVIIIe siècle, naturalistes et médecins affirment tous que, dans l'œuvre de génération, « la femme est l'égale de l'homme », mais leur discours privilégie le thème de la différence : ils décrivent la « nature féminine » comme un tout homogène et original.

L'inventeur du stéréotype est le Dr Pierre Roussel, auteur d'un *Système physique et moral de la femme,* publié en 1775 et qui connut un succès extraordinaire. Son « système » consiste à coordonner le sexe, le corps et l'âme, en partant du sexe, force déterminante : dans la femme tout est femme, le déterminisme biologique étant présenté comme inexorable. L'anatomie féminine révèle combien la femme est « faible » : les os sont petits et moins durs que ceux de l'homme, la cage thoracique est plus étroite ; le bassin plus large impose aux fémurs une obliquité qui gêne la marche. Les tissus « spongieux » et humides s'enflamment aisément, la peau est fragile, les muscles et les fibres sont mous et grêles, le cerveau est petit. La station droite inflige à la femelle humaine un surcroît de risques : risque d'avortement pendant la gestation, descente d'organes, plus grande souffrance pour accoucher, varices, etc. Ces conditions laissent entrevoir l' « état passif » auquel la nature destine la femme. La faiblesse est le signe d'une prédestination : le corps mou pourra se déformer selon les nécessités de la reproduction, le bassin large contiendra le fœtus, le sternum ciselé laissera grossir les vaisseaux des mamelles. « Tous ces faits prouvent que la destination de la femme est d'avoir des enfants et de les nourrir », lit-on dans l'*Encyclopédie.* Conclusion finaliste qui va s'appesantir dans les années suivantes, toutes les découvertes étant interprétées de manière à la confirmer. « La femme morale » tout comme « la femme physique » est investie par son sexe. Les médecins insistent sur son « exquise » sensibilité, liée à la ramification des vaisseaux et des nerfs sous une peau très fine. Assaillie en permanence par une grande variété de sensations, elle est beaucoup moins capable que l'homme de concentration et de réflexion ; son instruction doit être maintenue dans de justes limites. Par contre, la sensibilité développe des qualités précieuses : la tendresse, la pitié, la compassion, la bienfaisance. La femme est donc qualifiée pour soigner et consoler ceux qui souffrent, en commençant par ses enfants et ses proches. Mais la sensibilité peut aussi engendrer des passions redoutables.

La médecine des femmes – gynécologie, obstétrique – entre dans une ère de progrès. « Les femmes enceintes doivent devenir l'objet d'une bienveillance active, d'un respect religieux, d'une sorte de culte », écrit le Dr Marc en 1816. Nombre d'avortements, dit-il, ont pour cause la brutalité des maris quand ils sont ivres. Il veut aussi exempter les femmes grosses des travaux pénibles dont il donne une description accablante. À cette époque, la mortalité maternelle s'aggrave, le rachitisme et la tuberculose augmentent les périls de l'accouchement. Les femmes de milieu populaire s'épuisent au travail aussi bien à la campagne, après la disparition des jachères, qu'à la ville dans les manufactures et les ateliers. Dans les milieux aisés l'éducation des jeunes citadines est déplorable : elles sortent peu, manquent d'air et de soleil, restent courbées sur des travaux d'aiguille. La « faiblesse du sexe » n'est pas un fait de nature ; mais sa réalité à ce moment de l'histoire incite les médecins à protéger les femmes en les laissant chez elles au repos.

En même temps la mortalité infantile, acceptée jusque-là, avec résignation, commence à être perçue comme un gaspillage scandaleux. Les économistes affirment que la richesse des nations se construit grâce au nombre et à la qualité de leurs habitants. Mais surtout le corps médical observe que l'enfant est le père de l'homme : des soins qu'il reçoit dépende la santé physique et morale de l'adulte qu'il deviendra ; son corps mortel prend autant d'importance que son âme immortelle. Les médecins des Lumières imposent le dogme que tout enfant conçu doit pouvoir naître et vivre dans les meilleures conditions possible. Ils imputent l'hécatombe des nourrissons à l'ignorance et à la négligence des nourrices mercenaires. La grande dame qui refuse son lait à son enfant « trahit la nature », et fait preuve d'une odieuse dureté de cœur. Ainsi la bourgeoisie par la voix des docteurs affirme ses propres valeurs. Le corps de la femme est la matrice du corps social : il faut le réadapter à la fonction reproductrice. L'amour maternel, consécration totale de la mère à son enfant, devient une valeur de civilisation et un code de bonne conduite.

Le plus connu des chantres de l'amour maternel c'est Jean-Jacques Rousseau. Élevé dans la religion réformée, il ne vénérait pas la Sainte Vierge ; enfant sans mère, il idéalisait l'amour maternel. Il a déplacé le sacré, en le détachant de la religion pour l'inscrire dans la famille, et le centrer sur la bonne mère. Rousseau s'est fait l'apôtre passionné de l'allaitement maternel. Non pour des raisons médicales : c'est le lien affectif qu'il valorise, lien qui se noue à partir d'un contact charnel entre mère et enfant, affection qui illumine et transfigure toutes les relations familiales. Rousseau a fixé l'attention de ses contemporains sur l'importance du rôle de la mère dans l'éducation. « La mère veut que son enfant soit heureux, qu'il le soit dès à présent. En cela elle a raison » (*Émile,* livre I). « Il n'y a nulle parité entre les sexes quant à la conséquence du sexe. Le mâle n'est mâle qu'en certains instants, la femelle est femelle toute sa vie ou du moins toute sa jeunesse ; tout la rappelle sans cesse à son sexe, et pour bien remplir les fonctions il lui faut une constitution qui s'y rapporte... De la bonne constitution des mères dépend d'abord celle des enfants ; du soin des femmes dépend la première éducation des hommes ; des femmes dépendent encore leurs mœurs, leurs passions, leurs goûts, leurs plaisirs, leur bonheur même. Ainsi toute l'éducation des femmes doit être relative aux hommes » (*Émile,* livre V).

En préférant, pour l'enfant, la nature à la culture, l'affection à l'autorité, le bonheur au salut, c'est toute l'éducation que Rousseau engage dans une perspective plus maternelle que paternelle. Et certes, il valorise ainsi la fonction maternelle plus qu'elle ne l'avait jamais été. Aussi ses lecteurs et plus encore ses lectrices ont-ils été séduits. Bien des femmes ont sans doute trouvé là, avec joie, une reconnaissance de leur rôle propre, une réhabilitation de leur différence. Quoi qu'il en soit, l'amour maternel devient peu à peu l'objet d'un véritable culte. Écrivains et poètes du XIXe siècle célèbrent la maternité avec lyrisme, avec effusion. À côté des expressions nouvelles de gratitude et de tendresse, l'analyse de la relation qui unit la mère et l'enfant se fait peu à peu plus fine, plus pénétrante. Balzac, qui fut un enfant délaissé, met l'accent sur la jubilation charnelle et affective, qui prélude aux jeux sexuels. Michelet pressent les investigations de Freud. « Sont-ils un être ou deux ? On pourrait en douter. Il est, de fond en comble, constitué de sa substance. En elle il a sa vraie nature, son état le plus doux de béatitude profonde, de paradis. C'est bien là qu'il est Dieu. Elle est sa nature et son surnaturel... Il faut bien qu'il en soit ainsi. C'est énorme, excessif. Mais qu'y faire ? C'est notre salut. Nous commençons par là, par une idolâtrie, un profond fétichisme de la femme. Et par elle nous atteignons le monde » (*Nos fils,* 1869). Ce pouvoir de la mère sur le petit enfant, cette emprise décisive au seuil de la vie, a constitué une sorte de révélation. « L'homme obéit à sa mère. Il lui obéit longtemps après qu'elle a cessé de vivre », confirme le moraliste catholique Louis-Aimé Martin. Mystérieuse puissance. Comment la contrôler ?

La Révolution française a inauguré de profonds

changements dans la famille[1] : elle a limité la puissance paternelle et la puissance maritale, institué le mariage civil et le divorce. En déstabilisant l'ordre ancien, elle a aidé les femmes à prendre conscience de leur responsabilité sociale. L'imagerie révolutionnaire a d'ailleurs remplacé l'effigie du roi, père de ses sujets, par de puissantes figures féminines, la Liberté, la Nation, la République, nourrices généreuses aux seins offerts : la maternité accédait au rang de symbole politique.

Dès la réunion des États généraux, de nombreuses femmes ont assisté aux débats publics et participé aux manifestations. Au cours des « Journées d'octobre » 1789, les femmes du peuple de Paris sont parties en masse chercher le roi à Versailles : elles avaient compris que seul un pouvoir proche du peuple, élu du peuple, saurait donner du pain à leurs enfants. Du pain mais aussi le Droit et la Liberté. Elles entraient dans l'action politique délibérément, en tant que « mères des générations futures », chargées de bâtir l'avenir. Celles qui savaient lire se sont bientôt vouées à l'instruction civique des jeunes : elles leur lisaient le *Contrat social* et leur faisaient apprendre par cœur la *Déclaration des droits.*

Les échos de la Révolution retentissent alors dans toute l'Europe. Bettina Brentano n'a que 15 ans lorsque sa grand-mère Sophie von La Roche lui fait lire à haute voix les discours de Mirabeau[2]. Les Ita-

1. *Les femmes et la Révolution française,* collectif Presses Universitaires du Mirail, Toulouse, 3 vol., 1989-1991 ; Catherine Marand Fouquet, *Les femmes au temps de la Révolution,* Stock, Laurence Pernoud, 1989.

2. Marie-Claire Hoock-Demarle, *La femme au temps de Goethe,* Paris, Stock, Laurence Pernoud, 1987.

liennes, au premier rang Eléonora Fonseca Pimentel à Naples, se mobilisent, au cours du *triennio* (1796-1799). En Angleterre, Mary Wollstonecraft publie *A Vindication of the Rights of Woman.* Elle met en valeur la contribution éminente des femmes à la prospérité commune, exaltant en termes rousseauistes les soins donnés aux enfants et le dévouement des mères dans la vie privée. Ce dévouement, dit-elle, ne leur est imposé ni par leur « nature », ni par une quelconque autorité. Une mère républicaine accomplit en pleine conscience, en toute lucidité, une tâche civique : cette responsabilité lui permet un regard éclairé sur les affaires de l'État et lui donne donc le droit de participer à toutes les décisions.

Cependant, dès 1793, en France, la Convention interdit les sociétés féminines, et au printemps 1794, elle interdit aux femmes l'entrée des assemblées politiques. Les plus militantes sont traitées de « monstres femelles », « bacchantes », « furies de la guillotine », etc. La ci-devant reine Marie-Antoinette est accusée d'inceste. « Architigresse », « louve autrichienne », elle prend figure d'épouvantail et rejoint le panthéon enfantin des sorcières aux dents longues et aux doigts crochus. En même temps ressuscite le discours qui fonde l'exclusion des femmes sur la différence des rôles sociaux. « La nature dit à la femme : sois femme. Les tendres soins dus à l'enfance, les douces inquiétudes de la maternité, voilà tes travaux. Mais tes occupations assidues méritent une récompense ? Eh bien, tu l'auras. Tu seras la divinité du sanctuaire domestique, tu régneras sur tout ce qui l'entoure par le charme invincible des grâces et de la vertu » (discours du conventionnel Chaumette, 1794).

Ainsi la maternité qui, au début de la Révolution, semblait justifier la promotion politique des femmes, justifie désormais leur invalidation. Napoléon Bonaparte a confirmé cet assujettissement. Homme de guerre, il avait besoin de chair à canon. Les femmes ne peuvent pas faire la guerre : qu'elles fassent des enfants, qu'elles soient « le moule des braves ». S'il a créé la première chaire d'obstétrique (1806), s'il a organisé la formation des sages-femmes, c'était pour éviter des pertes à la naissance. Il ne s'est occupé de l'éducation des filles que pour insister sur la nécessité de les rendre pieuses, dociles, laborieuses. Le Code civil de 1804 (qui a inspiré de près ou de loin toutes les législations d'Europe continentale) a frappé l'épouse d'incapacité civile. Les enfants du couple ne relèvent que de la puissance paternelle. « L'enfant conçu dans le mariage a pour père le mari » (art. 312). Cette disposition a entraîné une répression très dure de l'adultère féminin. Même de grandes dames l'ont subie : Marie d'Agoult, la princesse Belgiojoso, Mme de Krüdener et bien d'autres...

La recherche de paternité est interdite (art. 340) pour « assurer la tranquillité des familles », c'est-à-dire éviter les conflits de succession. Cet interdit a surtout assuré l'impunité des fils de famille qui jetaient leur gourme avec une servante, ou celle des chefs d'atelier qui s'intéressaient aux jeunes ouvrières. Le Code renforce l'idée que la fille séduite est seule fautive, dès lors qu'elle a atteint ses 15 ans ; elle et son bâtard n'ont aucun droit. L'homme peut ignorer une compagne et une progéniture illégitimes. Par contre, il doit des « aliments » à son épouse et à ses enfants légitimes : son rôle de pourvoyeur de ressources fonde son prestige et son autorité ; il est maître chez lui. Le Code protège jalousement la vie privée. Sauf en cas de scandale, les violences familiales ne viennent pas à la connaissance des juges. L'Angleterre victorienne est un autre parfait modèle de ce nouveau patriarcat.

Cependant, pour être équitable, il faut rappeler un vieux dicton français : « Les hommes font les lois, les femmes font les mœurs » ; à côté du pouvoir de droit, pensé, institué, organisé par les hommes, s'affirmerait un pouvoir de fait, quotidien, empirique, affectif, propre aux femmes. Au cours du XIXe siècle deux mouvements de pensée traduisent cette conviction : le socialisme « utopique » (ainsi nommé par les marxistes qui lui opposent le socialisme « scientifique ») et la théorie des deux sphères.

Le socialisme utopique s'épanouit dans l'euphorie de la Révolution de juillet 1830. La « famille » saint-simonienne voulait régénérer la société en abolissant la domination masculine, pour que les femmes puissent développer, au service du progrès, leur intuition et leur sensibilité. Quelques jeunes ouvrières saint-simoniennes créèrent un périodique, *La Tribune des femmes,* et se conduisirent en apôtres, enseignant et prêchant partout, invitant les femmes à s'associer, à rechercher une plus grande justice sociale, un meilleur équilibre entre paternité et maternité. Certaines militantes ont rejoint les disciples de Fourier et sont devenues des féministes avant la lettre. Le socialisme utopique a connu un immense rayonnement durant la première moitié du XIXe siècle. Ann Wheeler l'a introduit en Angleterre. Des communautés ont vu le jour un peu partout en Europe, notamment en Allemagne et en Russie ; d'autres ont été fondées aux États-Unis ; un phalanstère s'est ouvert en Roumanie (1844).

La théorie des deux sphères s'est surtout imposée dans le monde anglo-saxon. Ruskin s'en est fait le meilleur interprète (*Of Queen's Gardens,* 1864). Elle a séduit les femmes parce qu'elle établissait l'équivalence entre le monde des femmes et le monde des hommes[1]. Épouse, mère, éducatrice, la femme en charge de la vie privée mérite autant d'égards et de respect que l'homme producteur de richesses et pourvoyeur de ressources. Aux États-Unis, Catherine Beecher, entre autres, invite les femmes à rester au foyer non point par humilité ou par esprit de soumission, mais au contraire pour faire rayonner leur supériorité morale et leur influence. La famille, domaine propre de la femme, est perçue comme lieu de pouvoir. Au nom de sa responsabilité, la mère veille sur la vertu des siens, et intervient partout où cette vertu est en péril, y compris dans la cité, par exemple pour combattre l'alcoolisme, la prostitution et d'autres fléaux. Tous les voyageurs venus d'Europe, Tocqueville en tête, ont constaté la considération accordée aux femmes américaines, à leurs avis, à leurs réclamations.

Y a-t-il contradiction entre l'effusion lyrique qui exalte la maternité et les lois qui subordonnent les mères ? La vénération officielle vise-t-elle à compenser leur assujettissement et leur dépendance ? Il faut rappeler que les sociétés occidentales s'engageaient à la

1. Nancy F. Cott, *The Bonds of Womanhood, Woman's sphère in New England (1780-1835),* New Haven, Yale University Press, 1977 ; Sara M. Evans, *Les Américaines. Histoire des femmes aux États-Unis,* Paris, Belin, 1991.

fois dans les affres de la révolution industrielle et dans l'élaboration difficile de la démocratie. Au cœur de bouleversements si considérables les gens avaient besoin d'une vie privée, stable, conservatrice, rassurante ; tous éprouvaient le désir de retrouver une figure tutélaire infiniment tendre et dévouée, « ange du foyer », « fée du logis ».

II. – L'éducation maternelle

De la bonne mère on attendait beaucoup. Quand l'essor du capitalisme a raréfié les entreprises familiales, le père a dû quitter son foyer pour aller au bureau ou à l'usine. Il a dissocié sa vie professionnelle de sa vie familiale ; il s'est habitué à ne surveiller ses enfants que de loin. La mère, théoriquement déchargée de tout travail productif, s'est investie dans la vie domestique assumant une responsabilité éducative de plus en plus large. Le centre de gravité de la vie familiale s'est déplacé de son côté.

Les dames « comme il faut » ont organisé la vie privée à leur façon. Enfanter devient alors pour elles une manière d'affirmer leur importance. Sœurs et cousines, voisines et amies vivent dans une succession de grossesses, d'accouchements, de nourrissage, de sevrage, de retour de couches et de retour d'âge. Elles s'occupent elles-mêmes de leur progéniture, avec l'aide de bonnes d'enfants, échangeant des recettes alimentaires et des modèles de vêtements, consultant des ouvrages médicaux écrits à leur intention, sans renoncer aux « remèdes de bonne femme ». Elles lisent aussi les nombreux traités d'éducation publiés alors par des femmes, ainsi que de nouveaux périodiques féminins qui proposent des conseils pour les soins et l'éducation. L'explosion soudaine de la littérature enfantine intéresse les mères autant que les enfants. La foi chrétienne est souvent au centre de leur univers[1]. Pour les catholiques, Marie reine du Ciel symbolise les valeurs féminines : à la fois vierge et mère, elle défie la nature et la science ; elle exprime le rêve d'une reproduction dissociée du coït et des parturitions. Les protestantes méditent sur la Bible. Le zèle des mères éducatrices va rarement jusqu'à allaiter, en raison de l'interdit qui pèse toujours sur les relations sexuelles. L'industrie nourricière prospère donc en Occident, avec quelques variantes : la nourrice noire domine au sud des États-Unis ; les Anglais emploient des filles mères ; les Français préfèrent des paysannes mariées. Mais désormais la mère tient à veiller sur son nouveau-né. D'où l'usage de la « nourrice sur lieu » qui vient habiter chez les parents du nourrisson : elle quitte sa famille et son propre enfant qu'une autre femme essaie d'élever ; bien traitée par ses patrons, elle n'est cependant considérée que comme « une vache laitière » (l'expression est d'un médecin). La sensibilité démocratique, qui progresse à la fin du siècle, dénonce sa condition comme scandaleuse, et l'assimile à celle de la prostituée. La promotion du biberon mettra fin au scandale.

Vers 3 ans commence la véritable éducation[2]. Les textes sont unanimes : la tendresse doit l'emporter sur

1. Bonnie Smith, *Ladies of the Leisure Class. The Bourgeoises of the Northern France in the Nineteenth Century,* Princeton University Press, 1991, trad. franç., Perrin, 1990.

2. Jean Noël Luc, *L'invention du jeune enfant au XIXe siècle,* Belin, 1997.

l'autorité. Il ne s'agit plus d'assurer le pouvoir et la tranquillité des adultes, mais d'épanouir la personnalité de chaque enfant. Toute femme est fière de mettre au monde un fils, qui la relie au monde des hommes, qui lui donne le sentiment de dominer, au moins pour quelque temps, un représentant du sexe fort. Sachant qu'elle le perdra, elle s'y attache d'autant plus. Elle s'oppose à la rigueur du père et proteste contre les châtiments corporels. Dans les pays latins, elle réussit à retarder l'entrée en internat (environ 7 ans au début du siècle, 12 à la fin), à privilégier l'externat. Son argument c'est l'intérêt de l'enfant, dont la santé physique et morale est mieux protégée au sein de la famille. Maman surveille les devoirs et les leçons, elle va parfois jusqu'à étudier le latin ; elle cultive la piété du garçon pour le garder plus près d'elle. Ainsi germe et grandit entre mère et fils une intimité ambiguë dont Freud discernera les formes pathologiques. Bien des femmes conservent d'importants moyens d'action et d'influence. Le choix de la bru se fait souvent entre femmes, en ce temps où les sexes sont fortement séparés. Le choix du métier aussi parfois : des mères ambitieuses et avisées savent pousser leur fils vers les métiers en expansion de la révolution industrielle. Le désir d'ascension sociale conduit des petites-bourgeoises à vouloir faire de leur fils un « monsieur » au prix de contraintes insupportables. La « mère abusive » se révèle.

L'ambivalence de l'amour maternel pèse aussi sur la fille. Un vif sentiment d'identité, d'affinité, pousse la mère à voir sa fille comme un double, une autre elle-même. Maman essaie d'obtenir une transparence absolue : mensonge et dissimulation sont des fautes très graves. La tendresse et la confiance établissent entre mère et fille une communication privilégiée, bien au-delà des mots. La piété même est toute sentimentale. L'éducation maternelle laisse dans l'ombre tout savoir sur le corps et le sexe. Médecins et religieux protestent contre ce silence, mais en vain. L'information toute empirique reçue jadis à la campagne s'étiole dans les villes du XIXe siècle, et rien ne la remplace. La signification symbolique des menstrues se perd. « Ce n'est rien dit la mère, c'est nécessaire pour se bien porter. » Destinées à la maternité, les filles en ignorent les conditions biologiques : leur « innocence », leur pudeur restent en deçà de la conscience. Telle est l' « oie blanche ». Chaque mère essaie pourtant d'éveiller l' « instinct maternel » de sa fille. Par exemple en lui donnant à élever un petit chat ou un petit chien : en l'invitant à devenir marraine (mère spirituelle) d'un enfant. L'instrument de choix, c'est la poupée : au début du siècle, ce jouet gardait l'apparence d'une jeune femme élégante, comme pour donner à la petite l'envie de grandir et de séduire ; vers 1850, les fabricants présentent des poupées bébés (asexuées) qui connaissent un succès immédiat. La fillette joue à la maman.

Dans la petite bourgeoisie le puissant facteur de changement que constitue le désir d'ascension sociale dresse d'abord les mères et les filles à la chasse au mari ; à la fin du siècle certaines mères poussent leurs filles vers les études pour qu'elles puissent gagner leur vie et progresser vers l'autonomie. Mais l'instruction, la culture peuvent être l'occasion de graves conflits entre mères et filles. Dès les années 1830, les saint-simoniennes prenaient leurs distances : Suzanne Voilquin, dans ses mémoires, maudit sa mère bigote et bornée. À la fin du siècle l'enseignement secondaire, puis les universités, accueillent le sexe faible. Cette ouverture marque un tournant dans l'histoire des femmes : car elle remet en question la théorie des deux sphères. Les mères ne sont pas seules à s'inquiéter. Freud observe que ces filles studieuses refusent la « castration » : il leur manque la poussée de passivité et de masochisme qui leur ouvrirait le devenir femme c'est-à-dire, selon lui, le devenir mère. L'*anorexie mentale,* maladie qui frappe surtout les jeunes filles, émerge dans la nosographie pendant le dernier quart du XIXe siècle : les médecins l'interprètent comme un trouble de la relation à la mère. En 1943-1945 encore Hélène Deutsch dans sa *Psychologie des femmes* déplore que les intellectuelles, mères « masculines », ne sachent pas s'y prendre avec un bébé ; elles lisent des livres de puériculture pour compenser la pauvreté de leurs émotions. Hélène Deutsch haïssait sa mère et a connu quelques troubles au moment d'être mère elle-même. Elle a voulu devenir psychiatre et psychanalyste pour tenter de voir clair dans ces relations si complexes.

Tous comptes faits, le pouvoir des mères, enraciné dans les ténèbres de l'inconscient, est apparu capable du pire comme du meilleur. L'amour maternel a perdu de son prestige au seuil du XXe siècle.

D'autres problèmes émergent du côté des travailleuses. Si la vie des paysannes ne se transforme guère, l'exode rural attire vers les villes des femmes de plus en plus nombreuses. Certaines exercent un métier (couturière, modiste, corsetière, lingère, blanchisseuse, fleuriste, etc.), qu'elles souhaitent transmettre à leurs filles ; d'autres assistent leur mari, artisan ou petit commerçant. Si le travail presse, ces laborieuses cherchent une nourrice dans le voisinage ; par la suite, elles confient leurs marmots à une garderie proche, puis elles les envoient à l'école.

Bien pire est la condition des mères ouvrières dans les villes manufacturières. Leur travail devient une nécessité pour le capitalisme conquérant qui veut mettre au service des nouvelles machines une main-d'œuvre docile, payée au minimum. Selon des normes admises partout, le salaire d'une femme ne pouvait être qu'un « salaire d'appoint », la moitié du salaire masculin. La mère sans appui (celle dont le mari était chômeur, infirme, à l'hôpital, en prison, ivrogne buvant toute sa paie, disparu dans la nature, ou décédé...) ne pouvait pas gagner son pain, encore moins celui de ses enfants : elle sombrait dans l'indigence. L'industrialisation produit, par groupes entiers, un nouveau type de mères qui travaillent hors de chez elles de douze à quatorze heures par jour, et reviennent au logis exténuées, hagardes, incapables d'assumer les tâches maternelles et ménagères les plus fondamentales, incapables de transmettre à leurs filles les moindres rudiments de la culture féminine traditionnelle. Ces familles s'entassent dans des taudis infects où sévit une mortalité très élevée. Les petits sont souvent à la rue ; le dernier-né est confié aux soins d'une fille aînée qui n'a parfois que 7 à 8 ans. Le caractère massif du phénomène dans les régions industrielles a choqué les observateurs : l'usine et les taudis donnaient à la déchéance des mères une visibilité accablante[1].

1. Joan W. Scott, Louise Tilly, *Women, Work and Family,* New York, Holt, Rinehart & Winston, 1978.

Autre misère, le nombre des naissances illégitimes augmente. En France le taux passe de 3,3 % en 1790 à 7 % à la fin du XIXe siècle ; mais à Paris il atteint 30 % entre 1830 et 1840. À Londres la croissance commence plus tôt (1750) mais prend moins d'ampleur. Par contre à Vienne il semble que le nombre des naissances illégitimes ait dépassé celui des naissances légitimes. En pays latin et catholique, les municipalités ont d'abord favorisé l'abandon anonyme dans l'espoir de réduire l'infanticide. Les bébés déposés au tour des hospices étaient transportés chez des nourrices de la campagne. Certaines régions rurales (le Morvan en France, le Piémont en Italie) ont pratiqué le nourrissage comme une véritable industrie, longtemps mortifère, faute de contrôle. Au Royaume-Uni, on préférait attribuer un secours à la fille pour qu'elle puisse élever son petit. Ce modèle a finalement dominé : les tours ont été fermés (les derniers entre 1860 et 1880).

Pour aider les mères pauvres, certains employeurs ont donné de l'ouvrage à domicile : formule qui livrait presque toujours la mère travailleuse à une exploitation éhontée, faute de réglementation et de contrôle. D'autres ont réservé aux femmes des tâches réputées moins pénibles (ce qui justifiait un salaire minimal), en les qualifiant de « féminines ». Des industriels ont construit des cités ouvrières où les mères restaient au foyer, le mari et les fils aînés lui donnant la plus grosse part de leur paie ; dans ces cités, la solidarité de voisinage permettait aux plus pauvres de survivre en cas de malheur ; mais les relations entre femmes y étaient ambivalentes : entraide, rivalités.

À la fin du siècle grandit l'obsession de rendre la mère à ses petits. L'éloge de la ménagère « ange du foyer », « fée du logis », hante tous les discours. Les premiers socialistes et les premiers syndicalistes étaient disciples de Proudhon, selon lequel toute femme ne peut être que « ménagère ou courtisane ». Les hommes d'Église espéraient que les femmes restées plus fidèles que les hommes à la religion traditionnelle ramèneraient leur famille à la foi chrétienne. Les responsables politiques, soucieux de moraliser le peuple, comptaient sur l'ouvrière pour retenir son mari et ses fils loin du cabaret et des anarchistes ; ils voulaient aussi inculquer aux humbles ménagères des habitudes d'ordre et d'économie, les convertir aux nouveaux principes d'hygiène et de puériculture. Les manuels scolaires des écoles de filles martèlent ces leçons. Les mères (et non plus les pères) sont perçues comme relais possibles des idéologies dominantes. Mais ceux qui voudraient écarter (« protéger ») les femmes du salariat sont impuissants à renverser la tendance. Aux emplois de l'industrie s'ajouteront bientôt les emplois plus attrayants du commerce et des administrations. Aussi voit-on s'ébaucher, à la fin du XIXe siècle, de nouveaux concepts qui inspireront l'État-providence : congé de maternité, assurance maternité, salaire familial, allocations familiales[1]. La priorité revient à l'Allemagne bismarckienne : le congé de maternité y est institué dès 1878, une assurance et des allocations en 1883. Cette législation a servi de modèle aux autres pays européens ; elle a nourri les revendications féministes.

1. Gisela Bock, Pat Thane, *Maternity and Gender Policies. Women and the Rise of the European Welfare States (1880-1950)*, London and New York, Routledge, 1991.

La théorie des deux sphères n'a pas enfermé les femmes dans la vie privée. Car la philanthropie, gestion privée du social, fut alors considérée comme une extension des tâches domestiques. Aussi la maternité a-t-elle souvent servi de tremplin aux femmes actives qui souhaitaient entrer dans la sphère publique.

En milieu populaire, les enfants de 2 à 6 ans étaient souvent délaissés quand leur mère travaillait : au pire, ils jouaient dans la rue ; au mieux une garderie les hébergeait tant bien que mal, sans projet éducatif. Choqués par cette négligence, des émules de Jean-Jacques Rousseau ou de Charles Fourier ont inventé des lieux d'accueil et des programmes d'éducation : Robert Owen ouvre à New Lanark (Écosse), en 1816, une *Infant School,* bientôt imitée à Londres et dans d'autres grandes villes. En France, le baron de Gerando, inspiré par le modèle britannique, fonde un premier établissement dès 1824 ; puis Jean-Denis Cochin, maire du plus pauvre arrondissement de Paris, donne une impulsion décisive à la création des *salles d'asiles* (1826-1828). En Allemagne, Friedrich Fröbel ouvre le premier *jardin d'enfants* à Bad Blankenbourg (Thuringe, 1837).

Si les initiatives sont masculines (les hommes seuls disposaient du pouvoir et de l'argent), les dames bienfaitrices se sont mobilisées immédiatement, considérant que ces fondations étaient « des œuvres d'amour maternel » ; les religieuses aussi se sont impliquées. En France, Émilie Mallet, puis Marie Pape-Carpentier ont su faire évoluer les modèles et les principes fondateurs. L'approche de la petite enfance fut grâce à elles moins « scientifique » qu'empirique, peu asservie aux doctrines ; les soins du corps et les jeux y ont trouvé place ; la pédagogie, toujours éclectique, a tenu compte des innovations étrangères. La surveillance exercée par les « dames patronnesses » est restée un temps bénévole, mais bientôt de nouveaux métiers féminins sont nés : maîtresses, directrices, déléguées, inspectrices. (La fonction d'inspectrice a ouvert aux Françaises une voie d'accès vers la haute fonction publique dès 1830.) À ce niveau la compétence maternelle ne suffisait plus, des formations professionnelles spécialisées ont été élaborées. On peut soutenir qu'elles ont favorisé des prises de conscience politique : au cours des années 1880-1890, Pauline Kergomard, inspectrice générale, a transformé les salles d'asile en « écoles maternelles » avec l'intention d'éduquer les mères autant que les enfants, au service de la IIIe République. La création et l'essor des crèches pour recueillir les tout-petits permettraient une démonstration analogue. De même les nombreuses associations, missions et ligues féminines, qui prennent en charge la situation matérielle et morale des démunis. Souvent bénévoles, ces dames charitables apprennent pourtant à collecter des fonds (par exemple, en Angleterre, en organisant des *bazaars* et des *ladies' sales*) et à les gérer. Les Américaines créent des ligues d'acheteuses qui les initient aux lois du marché.

L'importance de la fonction maternelle a également justifié l'accès des femmes à la profession médicale, d'où elles étaient exclues depuis le XIVe siècle. Les femmes, surtout les plus humbles, hésitaient à consulter des médecins hommes, par pudeur, mais aussi en raison d'une distance sociale et culturelle difficile à franchir. L'impératrice Eugénie obtint que les facultés de médecine s'ouvrent aux femmes. La première inscrite à Paris en 1865 fut une jeune veuve, Madeleine Brès, qui présenta en 1875 sa thèse : *Sur la mamelle et l'allaitement,* et qui publia par la suite un périodique destiné à l'information des jeunes mamans. En pays anglo-saxon les écoles de médecine s'étaient ouvertes aux femmes un peu plus tôt : la première Américaine médecin fut Élisabeth Blackwell en 1845. Les pionnières se vouaient au soin des femmes et des enfants ; mais, progressivement, elles ont conquis le droit d'exercer la médecine sans aucune restriction.

Le travail social, lui aussi, est issu des développements de la fonction maternelle. Les dames charitables qui visitaient les pauvres ont multiplié les enquêtes, biographiques et familiales, accumulant aux sièges de leurs associations un véritable fichier de la pauvreté ; elles ont ainsi acquis à la fois un vrai savoir-faire sur le terrain, et des méthodes élémentaires d'investigation. Elles ont pu offrir leurs services aux médecins lorsque ceux-ci ont entrepris, après la révolution pasteurienne, une lutte systématique contre la mortalité infantile : dans les consultations, dans les dispensaires, elles expliquaient aux femmes du peuple les consignes du docteur, puis elles allaient voir à domicile si ces consignes étaient bien comprises et bien appliquées. Plusieurs métiers féminins sont issus de ces activités : infirmières visiteuses, assistantes sociales, surintendantes d'usines.

Ainsi par l'effet des transformations sociales et culturelles, les mères de tous les milieux sortaient du foyer, s'initiaient à certains aspects de la vie publique, apprenaient à formuler certaines revendications.

II. – Malthusianisme. Médicalisation. Féminisme

On peut voir les débuts d'une mutation anthropologique dans les changements qui s'opèrent entre les années 1870 et la première guerre mondiale. La maîtrise de la reproduction devient visible dans les statistiques démographiques ; la médicalisation entre dans une phase d'accélération triomphante ; le féminisme se structure comme mouvement social, culturel et politique. Autant de facteurs qui transforment la fonction maternelle.

La prévention des naissances a été prêchée par des hommes, anglo-saxons pour la plupart : Malthus, Francis Place, Richard Carlyle, Charles Knowlton. Les femmes restaient discrètes, mais en confidence, dans des lettres ou des journaux intimes, elles avouaient leur appréhension. La reine Victoria a vécu ses neuf enfantements comme autant de calvaires. Son horreur des familles nombreuses était largement partagée dans les couches supérieures, pourtant prolifiques, de la société britannique. Pourtant la contraception n'a progressé que lentement et les différences entre les pays sont difficiles à expliquer. Les deux nations les plus précoces sont la France – ou le déclin des naissances se marque dès 1790 – et les États-Unis dès 1800. Deux nations qui ont en commun d'avoir fait une révolution, d'avoir proclamé les droits de l'homme et les libertés individuelles. Les pays du nord de l'Europe ne suivent qu'après 1870, plus tard encore ceux du sud.

Quant aux procédés employés, quelle part d'initiative, de responsabilité, de liberté chacun d'eux accorde-t-il à la reproductrice ? Quel pouvoir sur son propre corps ? La pratique ancienne, fondée sur le mariage tardif, l'allaitement prolongé et un taux élevé de célibat, persiste dans quelques zones rurales (Irlande, péninsule Ibérique, régions montagneuses de France et d'Italie). Mais elle devient insuffisante avec le recul de la mortalité.

Certains couples font chambre à part : usage sans doute plus fréquent chez les gens riches et bien logés. Dans les couches moyennes, les époux s'exercent à esquiver la fécondation. Des moyens, connus de longue date dans les milieux de la galanterie, pénètrent peu à peu dans les ménages légitimes. Ceux qui exigent des instruments n'ont qu'un succès tardif et limité : condom, diaphragme, seringue à injection restent longtemps coûteux et incommodes ; ils se sont répandus d'abord dans les pays anglo-saxons. En France la priorité revient au coït interrompu, simple et gratuit ; il exige de l'homme une ascèse difficile et dépend donc de son initiative : on reste dans la logique patriarcale, où la femme se soumet passivement au « devoir conjugal ». Et pourtant tout change : l'homme ne cherche que le plaisir, il donne l'exemple à sa compagne, il lui permet une prise de conscience. Le clergé catholique tarde à réagir parce que depuis la Révolution ce sont surtout les femmes qui vont à confesse : elles n'abordent pas spontanément cette question, elles acceptent mal qu'on la leur pose. La plupart se sentent irresponsables, parce que soumises à leurs maris. Certaines s'avouent complices, alléguant qu'elles n'ont pas cru pécher, mais au contraire agir avec prudence. Le prêtre n'insiste pas : la procréation est une affaire d'homme. La protestation des médecins est plus nette et plus précoce. Plusieurs s'inquiètent de la frustration des épouses. Le Dr Bergeret, dont le livre, traduit en anglais, fut très lu en pays anglophone, menace les « fraudeurs » des maladies les plus graves, sans réussir à les intimider.

L'avortement est souvent présenté comme une pratique féminine populaire et traditionnelle[1]. En fait, au XIXe siècle on avorte dans tous les milieux. Les techniques se perfectionnent. Une meilleure connaissance de l'anatomie et de la physiologie féminines permet l'emploi de méthodes moins traumatisantes que les drogues et les chutes d'antan. On se sert d'une aiguille à tricoter pour percer la poche des eaux ; puis, de plus en plus souvent, d'une canule permettant une injection d'eau savonneuse dans l'utérus ; si les prescriptions d'asepsie sont respectées, les risques sont réduits. Vers 1910, ce dernier procédé est devenu banal. Quel que soit le moyen employé, le nombre des avortements augmente partout (alors que l'infanticide recule) : ce n'est plus l'acte désespéré de filles séduites ou de mères trop prolifiques, c'est devenu un procédé de limitation des naissances. Cette pratique jadis privée, discrète, au sein du monde des femmes, se commercialise dans le monde des hommes : à Londres, les *Chrimes brothers,* en 1898, ont eu au moins 10 000 clientes.

La réaction déclenchée vers la fin du siècle[2] surprend par sa vigueur : elle hausse l'avortement au

1. Edward Shorter, *A History of Women's Body,* New York, Basic Books, 1982 ; *Le corps des femmes,* Paris, Le Seuil, 1984.

2. Francis Ronsin, *La grève des ventres,* Aubier-Montaigne, 1980 ; Roger-Henri Guerrand, *La libre maternité,* Paris, 1971.

rang de problème politique. Consécutive à de graves conflits armés, elle indique qu'après toute guerre, la vie est sacrée (la guerre civile aux États-Unis ; la guerre des Boers, si éprouvante pour les Britanniques, la défaite des Français devant les Prussiens en 1870-1871). La répression s'organise. En France, le sursaut fut, semble-t-il, plus fort que partout ailleurs, parce que les hommes d'État s'inquiétaient de la « dépopulation ». Pourtant l'idée germe aussi que le meilleur moyen de prévenir le « crime » c'est de secourir les femmes en peine.

La médicalisation de la reproduction humaine devient une réalité au cours du dernier tiers du XIXe siècle grâce aux découvertes pasteuriennes. Comme les femmes médecins étaient rares avant 1914, la gynécologie, l'obstétrique, la pédiatrie ont été investies par les hommes. La maternité est devenue leur affaire. Importante mutation.

Ce n'est pas au domicile des accouchées qu'ont été réalisés les grands progrès de l'obstétrique, mais dans les hôpitaux. Ne venaient là que des malheureuses réduites à la plus extrême misère, car, aux yeux de tous, il restait indécent, inconvenable, qu'un enfant naisse ailleurs qu'au foyer de ses parents. Les statistiques tenues à partir des années 1850 révèlent que la mortalité maternelle demeurait en ces lieux très élevée, de 10 à 20 %. Trop souvent la fièvre puerpérale était transmise par l'accoucheur lui-même, qui pratiquait alternativement, sans précaution, des autopsies et des touchers obstétricaux. Le médecin autrichien Semmelweiss avait soupçonné dès les années 1840 les origines de l'infection, et il avait réduit la mortalité dans son propre service en obligeant ses subordonnés à nettoyer leurs mains. En France, Tarnier fut un véritable précurseur. Mais la mortalité dépendait aussi de l'environnement. Vers 1870, à Rouen, où la médicalisation était avancée, mais où de nombreux pauvres s'entassaient dans des taudis, la mortalité maternelle se maintenait autour de 11 %. Dans l'Utah, où régnait encore l'empirisme des matrones, les pertes étaient d'environ 6 % : c'était là un espace ouvert, au pied de superbes montagnes, véritable paradis anti-épidémique.

Entre 1870 et 1890, tous les hôpitaux d'Occident se convertissent aux principes de l'antisepsie. Vers 1900 la mortalité maternelle tombe à environ 2 %. Il devient plus sûr d'accoucher à l'hôpital que chez soi. La combinaison de l'anesthésie, de l'antisepsie et des progrès en matière de suturation permet bientôt une chirurgie audacieuse : l'opération césarienne devient, au seuil du XXe siècle, une pratique courante. Alors la clientèle des sages-femmes diminue, à des rythmes différents selon les régions. Les facteurs économiques ont été longtemps déterminants, car l'accoucheur était payé trois ou quatre fois plus cher que la sage-femme. À Londres, en 1892, dans les quartiers pauvres de l'East End, la moitié des accouchées appellent une sage-femme ; dans le West End, 2 % seulement. Quand la pratique libérale a cessé d'être rentable, les sages-femmes sont entrées comme salariées dans les hôpitaux et les cliniques privées : elles s'y trouvaient en position subalterne, aux ordres des médecins, non plus à la disposition des parturientes. Une forme traditionnelle de solidarité féminine s'est désorganisée. Les barrières de la pudeur ont cédé très vite.

Les découvertes de Pasteur ont levé le mystère des maladies infectieuses, qui décimaient les enfants. Prophylaxie, antisepsie, asepsie, vaccinations : l'hygiène nouvelle prend bientôt les proportions d'une véritable éthique. Le corps médical, plein d'élan et d'enthousiasme, dopé par le succès, soutenu par les pouvoirs publics, institue la pédiatrie comme spécialité médicale à part entière, et la puériculture comme spécialité paramédicale. Il forme des infirmières, mais surtout il entreprend de convertir et de discipliner les mères, longtemps rétives à leurs conseils. Les hommes de l'art commencent à dévaluer l' « instinct maternel » qui avait jusque-là fondé la séparation entre le monde des femmes, empirique, affectif, coutumier, et le monde des hommes, novateur, rationnel, scientifique. La maternité exige désormais, disent-ils, une culture d'origine savante.

Avec les femmes des milieux aisés, les médecins de famille gardent un ton amicalement condescendant. À leur intention ils rédigent et publient de multiples ouvrages : *Conseils, Guides* et même *Catéchismes* de puériculture moderne. Avec les plus modestes, les prescriptions sont impératives : nombre et heures des repas, stérilisation des biberons et tétines, rite des toilettes et des bains, temps de sommeil, usage du thermomètre. Pour instruire les femmes du peuple, les accoucheurs adjoignent une consultation de nourrissons à leur clinique d'obstétrique. Des œuvres privées (en France les « Gouttes de lait ») proposent aussi leurs services. Les mères consultent avec empressement et se montrent, semble-t-il, dociles aux directives. Un livret de santé est établi pour chaque enfant. Le premier modèle, inventé en 1869 par le

Dr Fonssagrives, a franchi l'Atlantique grâce au Dr M. W. Garrisson : on y inscrit le poids, la taille, le régime, les vaccins, les maladies.

Comme on sait désormais que le lait de femme est aseptique, l'allaitement maternel est plus que jamais recommandé. Pourtant, le biberon gagne du terrain. Utilisé, depuis l'Antiquité, mais longtemps mortifère, sa réhabilitation par l'hygiène pasteurienne favorise l'intrusion des médecins dans cette relation mère-nourrisson qui leur avait si longtemps échappé. Ils peuvent étudier la quantité et la qualité de lait dont un enfant a besoin aux différents âges, ainsi que la meilleure répartition de ses repas. La stérilisation des biberons et la stérilisation du lait animal ont sauvé la vie de nombreux bébés. Le triomphe du biberon a aussi transformé la relation entre femmes et nourrissons : gestation et nourrissage peuvent être dissociés. La nourrice, même si on lui conserve ce nom, n'est plus en fait qu'une éleveuse, une gardienne. À la limite n'importe quel individu, même le père, peut remplacer la mère ou la nourrice auprès du nouveau-né. L'allaitement au sein devient alors une exclusivité de la mère et connaît une valorisation affective : une femme allaitant n'est plus une « vache laitière », c'est une tendre maman. Autre conséquence, la présence de la mère nourrice auprès de son petit ne pouvait plus apparaître comme fondée « en nature », ni même en raison. Au plan idéologique, comme au plan pratique, les mères se trouvaient libérées pour le marché du travail.

À la même époque, justement, le féminisme remettait en question la place et le rôle des femmes. Certes l'émergence de la « conscience de genre » était bien antérieure. Perceptible dès le XVe siècle (par exemple chez Christine de Pisan), elle avait resurgi au XVIe puis au XVIIe siècle, plutôt comme controverse théorique entre personnes cultivées que comme mouvement social. La Révolution française a marqué, on l'a vu, une étape nouvelle : les femmes ont alors réalisé que la maternité n'était pas seulement une fonction naturelle liée à leur sexe, ni même seulement une fonction familiale, mais aussi une fonction sociale, dont dépendait l'avenir de la Nation. Au cours du XIXe siècle, l'importance de la fonction maternelle reste l'argument majeur des revendications. Les militantes réclament : le droit à l'instruction pour mieux assumer leurs tâches d'éducatrices ; le droit au travail – et à un salaire décent – pour pouvoir nourrir leurs enfants en cas de défaillance du père ; le droit de divorcer d'un mari mauvais père. Même la revendication des droits politiques s'appuie souvent sur les responsabilités et les compétences maternelles. Une institutrice française, Jeanne Deroin, candidate aux élections législatives (en mai 1849, quoique non éligible) prétend que l'État n'est « qu'un grand ménage mal administré » ; au nom de « la sainte fonction de mère », elle pense mériter le droit d'intervenir dans la politique. La suffragiste anglaise Millicent Fawcett affirme en 1891 : « Nous ne réclamons pas la représentation des femmes parce qu'il n'y a point de différence entre les hommes et les femmes, mais au contraire à cause de cette différence. »

Le néo-malthusianisme souhaite promouvoir une maternité consciente, non point passive, en diffusant des moyens de contraception. Annie Besant en Angleterre durant les années 1870, Alette Jacobis en

Hollande durant les années 1880, Paul Robin, Nelly Roussel, Madeleine Pelletier en France pendant les années 1900, Margaret Sanger aux États-Unis souhaitaient libérer la femme en soulageant la mère. La dénonciation violente de la « double morale » visait à relever le statut des « filles mères et des enfants naturels ». De grands congrès internationaux rassemblent des militantes de plus en plus nombreuses à la fin du siècle. Il y est toujours question de la maternité. C'est surtout en France que le féminisme dit « maternaliste » s'est épanoui, mais tout l'Occident a fait chorus. Le *Congrès général des sociétés féministes* (Paris, mai 1892) est le premier à proclamer la maternité « fonction sociale ». Expression qui fit fortune : elle avait l'avantage de réconcilier les femmes de toutes convictions, elle attirait aussi la bienveillance des responsables politiques. Les associations philanthropiques se sont rapprochées du féminisme : de grandes dames charitables se sont mises à revendiquer pour leurs protégées. De même les femmes médecins. Parmi beaucoup d'autres, la doctoresse Blanche Edwards Pilliet demandait la création d'un ministère de l'Enfance, d'une École des mères. Propos qui précisaient les premiers objectifs à atteindre : des soins avant, pendant, après l'accouchement, et un congé de maternité indemnisé. Quelques militantes allaient plus loin. La suffragiste Hubertine Auclert demandait une indemnité *permanente* de maternité et voulait remplacer l'*État Père* par un *État Mère.* La maternité servait de bannière aux féministes modérées dites « bourgeoises ».

La première guerre mondiale a provoqué un terrible ébranlement et de nouvelles prises de conscience.

Certaines militantes ont alors bifurqué vers le pacifisme ; les mères qui donnent la vie ne peuvent que haïr les œuvres de mort ! Mais la plupart des femmes ont choisi de se dévouer au service des combattants : leurs fils et leurs maris. Ensuite le deuil leur a, pour un temps, imposé silence.

Chapitre IV

LA RÉVOLUTION MATERNELLE

Les sociétés occidentales du XXe siècle dépassent l'ère industrielle et sortent en vitesse de la modernité. On les appelle « postindustrielles », « postmodernes », faute de discerner vers où elles vont. Deux phénomènes nouveaux influencent l'histoire des mères et de la maternité : l'établissement des États-providence, et l'emprise croissante des sciences biologiques. Ces interventions ont produit des effets inattendus : ébranlement de l'identité féminine, transformation des rapports sociaux de sexe, bouleversement des modes de reproduction. Il faudrait « repenser la maternité » dans de nouvelles perspectives[1].

I. – La « nationalisation » des mères

La première guerre mondiale – quatre années d'hécatombe au service des « mères patries » – a mis en évidence, en les aggravant, les effets de la modernité. Le déclin des naissances devient alors préoccupant, et l'activité salariée des femmes concurrence leur fonction maternelle. Les responsables politiques en

1. *Panoramiques,* n° 40 (mai 1999) ; *Repenser la maternité,* dirigé par Yvonne Knibiehler avec le concours d'Agnès Guy, Éditions Corlet, 14110 Condé-sur-Noireau.

prennent conscience dans tout l'Occident. L'intérêt public impose de franchir les frontières sacro-saintes de la vie privée : une famille ne peut plus seulement dépendre de son chef, elle doit faire l'objet de décisions politiques. L'État devient un superpère. Ses décisions tendent à « nationaliser » les mères.

Les régimes politiques se diversifient : à côté des démocraties libérales surgissent des républiques socialistes, puis des dictatures totalitaires. Pourtant, à propos de la maternité, les différences observables d'un pays à l'autre se réduisent souvent à des décalages chronologiques ; les ressemblances l'emportent. Tous sont plus ou moins natalistes, tous cherchent des moyens d'aider les familles, tous accélèrent la médicalisation de l'enfantement.

Le natalisme répond à des objectifs différents selon les pays et selon les régimes. Dans les démocraties l'hostilité que déclenche l'image de la femme émancipée, la *garçonne* en France, la *flapper* en Angleterre, signale une angoisse profonde. En France, les lourdes pertes de la première guerre mondiale aggravent l'inquiétude démographique ; en Suède, l'émigration raréfie la main-d'œuvre. En Grande-Bretagne, aux États-Unis les effets de la dénatalité deviennent visibles au cours des années 1930. Les dictateurs sont natalistes par volonté de puissance : Mussolini, Hitler, Franco veulent créer des États forts, capables d'encadrer toute la population du berceau à la tombe ; des hommes et des femmes nombreux, pliés à l'obéissance et à l'abnégation, étaient nécessaires pour développer l'économie, conquérir des colonies, préparer la guerre.

Quant aux socialistes marxistes, ils ont voulu

d'abord faire « table rase », abolir les structures anciennes, à commencer par la « famille bourgeoise ». Les femmes devaient sortir du foyer, s'intégrer à tous les niveaux de la vie professionnelle et de la vie politique. Dès 1917-1918, elles recevaient les droits politiques ; les procédures du mariage et du divorce étaient simplifiées ; la puissance maritale était supprimée ; en 1920 l'avortement était autorisé. La maternité socialisée devait être assumée collectivement : l'amour d'une mère, disait Alexandra Kollontaï, doit « embrasser tous les enfants de la grande famille prolétarienne ». Cet idéal s'est heurté à des réalités impitoyables. L'instabilité des couples, la démission des pères ont entraîné le refus massif d'enfanter : à Moscou, en 1934, on comptait trois avortements pour une naissance ; les infanticides et les abandons se multipliaient. Il fallut faire machine arrière, réhabiliter la famille, glorifier les « Mères héroïnes ». À la fin des années 1930 l'URSS était devenue nataliste.

Quels furent les moyens et les méthodes du natalisme ? D'abord la répression. Des sanctions sévères ont frappé l'avortement (sauf en Allemagne où sévissait l'avortement eugénique). Les fascistes mussoliniens en ont fait un crime d'État (non plus un simple meurtre). Parmi les démocraties, la France est restée la plus répressive : en 1920-1923, les républicains promulguent des lois, qualifiées de « scélérates » par les féministes (interdiction de toute information relative à la contraception, interdiction de l'avortement) ; plus tard le pouvoir autoritaire de Vichy multiplie les condamnations, allant jusqu'à guillotiner une avorteuse (1943) ; après la Libération les lois n'ont pas été modifiées. Résultat : l'avortement n'a disparu nulle part, il est devenu clandestin donc plus dangereux pour les femmes.

À la fin des années 1930, la contraception gagne du terrain. Les pays du nord de l'Europe entreprennent de moraliser le *birth control,* en le dissociant de l'amour libre pour le proposer aux couples légitimes et responsables. Un nouveau contraceptif féminin, le diaphragme, est mis en usage. Des centres d'informations s'ouvrent. En Suède, après 1935, les pouvoirs publics associent la population à la politique démographique : l'avortement est légalisé, le *birth control* et l'éducation sexuelle largement diffusés ; on fait appel au civisme des ménages. En France l'Église catholique invite les médecins chrétiens à mettre au point des méthodes « naturelles » de contraception.

Une autre forme de répression, tout aussi vaine, s'exerce contre le travail rétribué des femmes mariées (sauf en URSS). Même la libérale Suède a attendu 1938 pour lever l'interdit. En Grande-Bretagne, il n'y a pas d'interdit, mais l'expression *working mother* désigne la mère au foyer. L'Italie de Mussolini, la France de Vichy, l'Espagne de Franco ont élaboré des lois ou des règlements restrictifs, mais le besoin de main-d'œuvre les a bientôt rendus caducs.

La pression nataliste s'exerçait aussi grâce à un encadrement moral et idéologique. Dans les dictatures des organisations totalitaires endoctrinent le deuxième sexe, à tous les âges : on y répétait aux filles et aux femmes que leur vocation originelle était d'élever des enfants au service de la patrie, de veiller aux bonnes mœurs, de s'entraider. L'Église catholique soutenait les formations italiennes et espagnoles, alors que les Églises allemandes restaient hostiles. En URSS, des sections féminines se constituent à tous les échelons du parti pour expliquer la nécessité de concilier les charges familiales avec le travail productif. Partout les livres scolaires préparaient les fillettes à devenir de bonnes mamans. Dans les démocraties, des associations privées, souvent confessionnelles, rappelaient l'importance morale et sociale de la maternité. En France, l'Union féminine civique et sociale, créée en 1925, se fit l'apôtre de « la mère au foyer » tout en réclamant le droit de vote pour les femmes. L'État institua des encouragements symboliques comme la Fête des mères (1926), célébrée avec éclat sous Vichy, et la médaille de la Famille française destinée aux mères de famille nombreuse. Le bilan de ces efforts reste modeste entre les deux guerres.

L'institution du congé de maternité signale une conversion importante des pouvoirs publics. L'idéal de la mère au foyer s'imposait si fortement que les hauts responsables avaient longtemps ignoré les mères travailleuses. En France, il avait fallu vingt-sept ans de débats parlementaires et la forte pression des médecins pour qu'une loi timide soit enfin promulguée en 1913. Les autres pays occidentaux n'avaient devancé la France que de quelques années. En 1919 la Commission de Washington, inspirée par le Bureau international du travail, recommanda l'institution d'un congé de maternité d'au moins six semaines, avec indemnité et gratuité des soins. L'Allemagne de Weimar fut le premier pays à obtempérer (1919). La France s'aligna la dernière (1928). La plupart des États portèrent bientôt le congé à dix puis douze semaines, avec sécurité de l'emploi ; en cas d'allaitement maternel, des prolongations étaient possibles. Un pas immense était franchi : le droit au travail des femmes, même mères, se trouvait définitivement consacré, et l'État les prenait sous sa protection. L'assurance maternité, autre revendication féministe ancienne et tenace, affirmait le droit aux soins. Il y eut pourtant des résistances. Certains, dont quelques féministes, regrettaient que l'assurance assimile l'enfantement à une maladie ou à un accident. D'autres déploraient que l'État se montre trop directif (en France par exemple). Aux États-Unis en 1921, un projet de protection sanitaire de la mère et de l'enfant fut accusé d'introduire le « communisme », la « collectivisation » : avoir des enfants ne relève que de la responsabilité individuelle. En dépit de ces réserves, le droit aux soins pour les femmes gestantes et parturientes s'est imposé partout.

Autre effet majeur du natalisme : il a suscité des politiques « familiales ». Aucun État, même l'URSS, n'a imaginé la collectivisation totale des tâches d'éducation, mais tous ont cherché à aider les parents. En effet, les dépenses familiales s'alourdissaient : d'une part les progrès de la médicalisation imposaient des soins coûteux ; d'autre part les petits n'étaient plus seulement des « bouches à nourrir », mais de futurs citoyens dont les études prenaient de l'importance. Les Français ont été pionniers, sans doute parce que la dénatalité les inquiétait depuis longtemps. Les premières initiatives, patronales, dataient de la fin du XIXe siècle. L'État a légalisé cette pratique et l'a étendue à l'ensemble de la population : la loi du 11 mars 1932 instituait une véritable politique nationale de la famille ; en 1939, le Code de la famille précisait le montant des allocations selon le rang de l'enfant. Des allocations familiales ont été instituées sous des formes diverses : en Allemagne (1935), en Italie (1936), en Espagne (1938), au Portugal (1942). Les autres pays n'ont suivi qu'après la seconde guerre mondiale : Grande-Bretagne (1945), Norvège (1946), Suède (1947). Presque partout où des allocations ont été instituées, et notamment en France, elles ont été rattachées au salaire du mari, même quand la mère, elle aussi, travaillait et recevait un salaire. Certaines féministes souhaitaient faire reconnaître les tâches maternelles comme un métier à part entière. En France fut créée en 1938 une « allocation de la mère au foyer ». En Suède une allocation, créée en 1937, fut versée aux mères en tant qu'éducatrices. Mais les féministes n'étaient pas unanimes. Rétribuer les mères, disaient-elles, c'est prendre le risque de les enfermer dans l'espace borné du foyer ; la chance des femmes est ailleurs désormais : elles ont à conquérir de véritables professions, à faire reconnaître partout leurs aptitudes et leurs capacités, à devenir enfin « majeures ». L'identité féminine amorçait une mutation de grande ampleur.

D'un autre côté, le progrès de la médicalisation entre les deux guerres a provoqué une importante révolution des mœurs[1] : des années 1920 aux années 1970, les jeunes femmes vont de plus en plus nombreuses accoucher en clinique, le foyer familial cesse d'être le lieu où les bébés viennent au monde. Mères et enfants sont entre les mains des médecins, pour ne pas dire à leur merci. Le père et la famille sont tenus à l'écart, officiellement par peur des micro-

1. Françoise Thébaud, *Quand nos grand-mères donnaient la vie. La maternité en France dans l'entre-deux-guerres,* Lyon, PUL, 1986.

bes. Certes les effets positifs sont indéniables : le recul de la mortalité néo-natale et de la mortalité maternelle s'accélère ; l'obstétrique et la gynécologie progressent à pas de géant ; les soins aux enfants s'améliorent. Après la première guerre mondiale, les États européens, si éprouvés, reçoivent l'aide des États-Unis. En France, le *children's Bureau* et la Croix-Rouge lancent des campagnes d'hygiène infantile au moyen de tracts, d'affiches, d'expositions, de films documentaires ; ils financent la création d'écoles de puéricultrices. Les mères démunies étaient encore secourues le plus souvent par des œuvres privées ; cependant on observe partout un investissement croissant des pouvoirs publics qui créent des services sociaux. Dans les dictatures, les organisations politiques féminines se chargent d'enseigner les nouveaux soins. En Allemagne une protection sociale est financée par le parti nazi ; en 1936, Himmler crée le *Lebensborn* pour accueillir les mères non mariées qui avaient eu des enfants avec des hommes appartenant à l' « élite raciale » (des SS le plus souvent).

L'eugénisme connut de beaux jours entre les deux guerres ; il révèle certaines tendances inquiétantes de la médicalisation. En Allemagne il a pris des dimensions effrayantes. Il s'agissait de « régénérer la race », d'empêcher certaines personnes de procréer, en raison de leur origine étrangère (juives, noires, tsiganes), ou sous prétexte de maladie mentale. Dès juin 1933, une loi prescrivait la stérilisation forcée d'environ 1 500 000 hommes et femmes. On mit au point de nouvelles méthodes de stérilisation, par injection dans l'utérus ; et au cours des dix années qui suivirent, plus de 500 000 femmes furent stérilisées. Celles qui se sentaient menacées s'efforçaient d'être enceintes (on parle de grossesses de contestation) ; aussi une loi permit-elle l'avortement eugénique. Ces pratiques s'accompagnaient d'une propagande active dans la presse. Parmi les apôtres de l'eugénisme, il y eut des femmes médecins, des infirmières et des travailleuses sociales ; elles étaient minoritaires, mais particulièrement efficaces. Dans d'autres pays, des mouvements eugénistes réclamaient la stérilisation des « tarés » et des malades mentaux. Les trois États scandinaves ont promulgué des lois eugéniques. Aux États-Unis, les deux tiers des États se sont dotés de lois permettant la stérilisation, mais elles n'ont été que peu appliquées. En Grande-Bretagne une loi fut proposée, mais rejetée en 1934. Dans les pays catholiques du sud de l'Europe, l'eugénisme n'a inspiré que des ouvrages savants.

Que penser des féministes radicales qui se sont prononcées en faveur de l'eugénisme ? On compte parmi elles Margaret Sanger (« mère de la pilule »). Elles voyaient d'abord dans la stérilisation un moyen d'alléger le fardeau maternel des femmes les plus pauvres, une sorte de contraception, une prévention de l'avortement. Telle était la nouvelle révolution des mœurs et des représentations qui s'annonçait.

II. – Le baby-boom et ses conséquences

Au lendemain de la première guerre mondiale, on avait constaté un relèvement du taux de natalité, mais il était resté modeste, et de courte durée. Après la seconde guerre mondiale, le taux remonte nettement et durablement, aussi bien en Europe qu'en Amérique du Nord. Pourquoi les Occidentales qui avaient appris à limiter les naissances, ont-elles accepté, voulu, ce renouveau de la procréation ? Quelles en ont été les conséquences ?

Au sortir de quatre années d'horreur, les plus sombres de toute l'histoire humaine, dans l'euphorie de la paix retrouvée, chacun, chacune avait besoin de croire en l'avenir. Les bébés représentaient l'espoir, la vitalité de celles et ceux qui voulaient renaître et reconstruire. Il y eut partout trois étapes, avec quelques variantes selon les pays : un afflux des naissances dès la fin de la guerre, parfois même avant ; un reflux au cours des années 1950 ; un nouvel afflux au début des années 1960, par suite de l'essor économique des « Trente Glorieuses ».

En vérité les jeunes mères contrôlaient toujours leur fécondité. Les couples sans enfant ou avec enfant unique se raréfient ; augmente le nombre des ménages ayant deux, trois, plus rarement quatre enfants. Les familles nombreuses ne se comptent qu'aux deux extrémités de l'échelle sociale. Pour une femme mariée de condition modeste, peu instruite, sans projet professionnel, la maternité reste le principal fondement de son identité et de sa dignité. Dans les milieux fortunés, la mère qui peut se faire aider accepte d'élever des enfants plus nombreux. Mais dans les couches moyennes, où l'on éprouve un vif désir d'ascension sociale, on réduit la progéniture pour mieux élever l'enfant, le « pousser » dans ses études. Les disciplines malthusiennes ont donc été un peu desserrées ici et là, en relation avec la générosité de l'État-providence, ou avec la prospérité économique, mais sans jamais disparaître. De fait, le lien n'est jamais simple : chaque ménage, chaque individu(e) développe des projets personnels qui évoluent selon la conjoncture. Il est clair que la contraception intéresse de plus en plus les femmes, justement pendant le baby-boom. Dans les pays non catholiques les cliniques de *birth control* se multiplient. Dans les pays catholiques, les couples pieux essaient la méthode Ogino Knaus, l'étreinte réservée, la méthode des températures, toutes fort contraignantes et peu efficaces, mais qui avaient le mérite de respecter l'interdit de l'Église, et de requérir la collaboration des époux. Partout le besoin de méthodes sûres s'exprimait de plus en plus nettement. Seuls les partis communistes se déclaraient hostiles à la contraception « bourgeoise » : pourquoi, disaient-ils, les familles populaires devraient-elles se priver d'enfant, faute de ressources ?

D'ailleurs, on l'oublie trop : en France au moins, le baby-boom coïncide avec un apogée de l'avortement clandestin (de 300 000 à 500 000 par an pour 800 000 naissances vivantes). Police et justice ont peu à peu renoncé à poursuivre de si nombreux coupables. Les progrès scientifiques et techniques avaient considérablement réduit les risques ; on comptait pourtant 300 à 500 décès par an. En cas d'accident la patiente était conduite à l'hôpital où on la curetait sans anesthésie. Au vrai, les femmes fortunées trouvaient toujours des médecins compréhensifs ; les autres subissaient une angoisse mensuelle avec épisodes de torture et d'humiliation. L'interdit pesant sur cette pratique en voie de banalisation prenait l'allure d'une monumentale hypocrisie.

Soulignons-le : si les jeunes mères du baby-boom ont cédé à leur désir d'enfant plus volontiers que leurs mères, elles n'inscrivaient nullement ce désir dans la docilité et la passivité traditionnelles ; elles éprouvaient un besoin croissant d'autonomie et de responsabilité. D'ailleurs, devenues partout citoyennes à part entière, pourvues de nouveaux droits politiques et civils, elles aspiraient à jouer un rôle actif dans la vie publique.

Le baby boom a produit des réactions en chaîne.

D'abord il a confirmé et accru le « pouvoir médical ». Toutes les naissances sont passées sous contrôle. Les disciplines pasteuriennes ont été alors imposées sans égard ni ménagement dans des cliniques surpeuplées, par des personnels surmenés : famille évincée, bébé séparé de sa mère, nouvelles techniques de nourrissage. Les Pays-Bas font exception : la naissance y a conservé son caractère privé et familial, puisqu'elle a lieu à domicile, le plus souvent possible ; au prix d'une organisation rigoureuse, la mortalité néonatale et la mortalité maternelle ont été réduites en un temps record. Au cours des années 1950, l'invention de l'« accouchement sans douleur » rendit aux femmes en travail une part de responsabilité et de dignité. Deux méthodes ont été en concurrence dès la fin des années 1940. Les pays anglo-saxons ont préféré celle de l'accoucheur britannique Grantly Dick Read. L'autre méthode, mise au point en URSS, s'est répandue dans les pays où existait un parti communiste puissant, notamment en France. Les résistances n'ont pas manqué, jusqu'à ce que l'approbation du pape ait levé les derniers obstacles, en 1956. L'indolorisation n'était pas toujours au rendez-vous. Mais, réduite à une pédagogie pour femmes enceintes, la méthode offrait à celles-ci la chance de vivre mieux, ou moins mal, cette épreuve si importante. N'empêche qu'une médicalisation conquérante domine à présent tous les soins maternels, même quand l'enfant et la mère se portent bien. Et dans ce sillage, les psy se sont avancés.

Le baby-boom à imposé ensuite la transformation de l'habitat. Dans les pays les plus ravagés par la guerre, la crise du logement a duré jusqu'à la fin des années 1950, imposant aux mères de famille des conditions de vie à la limite du supportable. Ensuite des quartiers neufs et des villes nouvelles ont été construits, sous forme de « grands ensembles », « barres » et « tours ». Les mères s'y installaient, coupées de leurs repères, de leurs habitudes, de leurs relations. Les maris partaient tôt le matin pour une longue journée. La cité radieuse se transformait en gynécée anonyme, où les femmes languissaient, passant leurs jours en ruminations moroses, développant une boulimie de romans-photos. Le travail domestique a dépéri : dans les centres commerciaux, supermarchés et supérettes, on achetait tout fait, aussi bien la layette que les éléments d'un repas. Les savoir-faire ancestraux devenus inutiles n'ont plus été transmis de mère à fille. Les enfants des cités nouvelles ne s'intégraient pas toujours bien. Les jeunes mères réclamaient des lieux d'accueil et du personnel d'encadrement pour les enfants qui grandissaient. Elles semblaient perdre toute confiance dans leur propre compétence en matière d'éducation.

Le baby-boom a aussi multiplié les emplois attrayants dans le secteur tertiaire. Il appelait des soignantes et des enseignantes autour de la petite enfance ; l'État-providence – le *welfare* – créait des administrations proliférantes ; de leur côté, le commerce, les banques, les communications avaient besoin de personnel toujours plus nombreux. Sur les graphiques, l'activité féminine prend alors la forme d'une courbe à deux bosses : de 18 à 25 ans les femmes sont nombreuses à travailler ; de 25 à 37 ans, elles le sont moins, en raison des enfantements ; ensuite la courbe remonte pour atteindre un nouveau sommet entre 45 et 50 ans. Puis au cours des années 1960, le creux se réduit : les mères sont de moins en moins nombreuses à quitter leur travail, et elles le quittent de moins en moins longtemps. Toutes le constatent : un salaire est plus avantageux que des allocations ; il assure des congés payés, des promotions, une pension de retraite. En élevant le standing familial il permet de payer un logis plus vaste, où chaque enfant a sa chambre, de s'offrir de belles vacances, de mieux profiter de la nouvelle abondance. Travailler procure aussi la satisfaction d'échapper à la routine ménagère, de nouer de nouvelles relations, de disposer de ressources personnelles, de mettre en valeur des aptitudes et des compétences. Les mères n'aspirent plus à rester chez elles, mais plutôt à en sortir, même sans véritable nécessité. Les pères ne s'en plaignent pas, et l'opinion, dans l'ensemble, approuve. L'ouvrage fondamental d'Alva Myrdal et Viola Klein, *Women's Two Roles, Home and Work* (1956), plaide pour la participation des femmes à la production économique et à la vie publique en général.

Le malheur c'est que le travail salarié avait été organisé au XIXe siècle par des hommes pour des hommes dispensés des tâches domestiques. Tant que les femmes travaillaient surtout dans les entreprises familiales, elles prenaient le temps nécessaire pour soigner leurs petits. Mais la salariée doit entrer dans le moule du « travailleur », dans les définitions masculines du travail. Si elle veut assumer ses deux rôles, à la maison et au-dehors, elle accomplit en fait une double journée, au prix d'une extrême fatigue, et d'une obsédante culpabilisation.

On commence donc à chercher des solutions. De grands congrès se penchent sur la question. La Commission des droits de la femme de l'ONU propose en 1957 le travail à mi-temps ou a temps partiel. De nombreux pays parmi les plus évolués – Grande-Bretagne, Canada, États-Unis – ont organisé cette forme d'emploi dès le milieu des années 1950. La plupart des associations féminines et des syndicats y étaient favorables. Au contraire, pour les communistes, c'était la bête noire. Pourquoi ? Parce que le travail à mi-temps risquait d'écraser la qualification et les salaires féminins : il maintiendrait les femmes dans des postes subalternes, rendant inutile leur formation professionnelle ; il permettrait d'éluder les problèmes relatifs à la garde des enfants et de refuser une réduction générale du temps de travail ; en perpétuant la notion de salaire d'appoint, il bafouerait le principe d'égalité, et confirmerait que la maternité constitue pour les femmes un handicap insurmontable. Cette résistance n'a rien empêché.

Une autre solution consistait à assurer l'accueil des enfants. Il y avait encore des « nourrices », qui élevaient les enfants en pension complète. Mais voilà que les mères du baby-boom refusent de se séparer de leurs enfants : la maternité, plus souvent choisie, devient une prérogative, une jouissance. Aussi celle qui travaille cherche-t-elle à placer son bébé pour la journée seulement. Alors se posent deux problèmes :

celui de la qualification de la gardienne, et celui de sa bonne entente avec la maman, laquelle est parfois jalouse et toujours culpabilisée. Dans certains pays, notamment en France, en URSS, en Suède, les pouvoirs publics ou des œuvres privées ont construit au début des années 1960 des crèches bien équipées, bien surveillées. En RFA et en Grande-Bretagne, les pouvoirs publics ont refusé toute subvention ; la garde des petits enfants y est restée une affaire privée.

D'ailleurs le progrès des connaissances dans le domaine psy (psychologie, psychiatrie, psychanalyse) n'était pas favorable aux crèches. L'étude des comportements, par observation directe des bébés, révélait leur souffrance quand ils étaient séparés de leur mère (ou de leur nourrice). Les soins du corps ne suffisent jamais, chaque enfant a besoin d'une relation privilégiée avec une personne qui manifeste sa tendresse ; sur la base de cette expérience initiale, source de l'*attachement,* l'enfant construit toutes ses relations affectives et sociales postérieures. Le succès du thème de l'*attachement,* au cours des années 1960, tendait à culpabiliser les mères. Si un enfant dort mal, digère mal, est trop agité ou trop inerte, en retard pour marcher ou parler, c'est toujours sa mère qui est responsable : elle est trop absente ou trop présente, trop inquiète ou trop négligente, trop possessive, ou trop rejetante, etc. Ces nouveaux savoirs étaient démocratisés par la presse familiale et féminine, et aussi, de plus en plus, par des émissions de radio et de télévision. Le discours psy, qui touche au plus intime, fascinait les mères, anxieuses de bien faire ; mais en même temps il les intimidait, il les pressait à consulter toujours davantage.

Le baby-boom a donc définitivement fait sortir l'enfantement du cadre de la vie privée. Immense métamorphose.

III. – La maternité choisie

Le deuxième sexe, ouvrage publié en 1949 par Simone de Beauvoir, a opéré une « révolution copernicienne » dans l'identité féminine en dissociant définitivement la femme de la mère. Certes bien des femmes prenaient déjà leurs distances avec la fonction maternelle en réduisant les naissances, et en exerçant des professions réputées masculines. Mais, sauf exception, cette conduite n'avait pas été rationalisée, jamais questionnée ni interprétée. Simone de Beauvoir a désacralisé la maternité : seule une femme pouvait se le permettre. Elle traite la maternité en *objet de science,* convoquant non seulement la biologie, mais aussi l'histoire, la psychologie, la mythologie, le droit, sapant le langage de l'effusion (l'amour maternel toujours sublime) et le langage de la morale (maternité-devoir au service de l'enfant, de la patrie, de l'espèce). Elle récuse toute pudeur, démarche alors choquante et cruelle, les femmes étant dressées à faire silence sur leurs fonctions spécifiques, encore perçues comme honteuses. Pire : son chapitre « Maternité » commence par dix pages consacrées à l'avortement, sujet tabou, en insistant sur les souffrances qu'il inflige aux femmes. La mère accablée par des tâches maternelles absorbantes, et des corvées ménagères insipides, ne dispose plus de son temps, ni de son esprit. Et quand les enfants ont grandi elle se trouve face au vide... L'existence de mauvaises mères indique que l'instinct maternel n'existe pas, l'amour spontané pas davantage. La *nature* prend le *sujet-femme* « dans ses rets ». La maternité abolit la distinction sujet-objet : la mère ne fait pas l'enfant, il se fait en elle ; elle perpétue l'espèce comme font les bêtes. Elle est prisonnière de l'immanence, alors que le propre de l'humanité c'est de se dépasser, d'accéder à la transcendance. C'est pourquoi l'homme prend autorité et pouvoir sur la femme.

Ce message lancé en plein baby-boom a d'abord fait scandale : il venait trop tôt et frappait trop fort. Le Vatican le mit à l'index, ce qui freina sa diffusion en milieu catholique. Les communistes ne le reçurent pas mieux. D'ailleurs le haut niveau scientifique et philosophique du texte le réservait aux milieux cultivés où les femmes étaient encore minoritaires. Pourtant les « blasphèmes » qu'il osait, les doutes qu'il semait, la terrible prise de conscience qu'il imposait aux femmes ont accompli un travail souterrain très efficace au cours des années 1950 et 1960.

Autre brûlot, *The Feminine Mystique* de Betty Friedan (1963), qui montrait les dommages subis par les mères au foyer : déclin de l'autonomie, déperdition du capital culturel, engourdissement de l'esprit d'initiative. La fonction maternelle servait de prétexte à la domestication, à la dégradation des femmes.

Quand, à la fin des années 1960, la révolte étudiante ouvrit des voies royales à toutes les formes de contestation, une nouvelle vague féministe déferla, portant une exigence d'émancipation totale. La « pilule » en fut le symbole. Le biologiste américain Grégory G. Pincus, stimulé par deux femmes, l'infirmière Margaret Sanger et Elisabeth McCormick qui avança les fonds, mit au point en 1956 un contraceptif oral ; l'expérimentation clinique commença aussitôt à San Juan de Porto Rico, région où la densité de population était très élevée ; l'efficacité se révéla très supérieure à celle de tous les autres contraceptifs. En 1960, la *Food and Drug Administration* américaine autorisa la vente au public. À la même époque le dispositif intra-utérin (stérilet), connu depuis longtemps mais peu utilisé par crainte d'infection, reçut des perfectionnements qui permirent sa diffusion. Les femmes disposaient donc désormais de techniques sûres et presque sans risque pour maîtriser seules leur fécondité.

Les nouveaux contraceptifs furent accueillis favorablement dans les pays anglo-saxons et dans le nord de l'Europe. En URSS et dans les pays satellites ils se répandirent peu, l'avortement autorisé restant un procédé banal de limitation des naissances. Dans l'Europe catholique leur diffusion fut freinée par l'opposition du magistère ecclésiastique. En France, « la pilule » suscita des conflits passionnés. Ses défenseurs invoquaient la nécessité de réduire l'avortement clandestin, de promouvoir la « maternité heureuse ». Ses adversaires redoutaient une « flambée d'érotisme », un déchaînement d'individualisme et plus encore, *in petto,* le pouvoir absolu des femmes en matière de procréation. La loi Neuwirth (1967) libéralisa la contraception mais en la réglementant si étroitement que la bataille féministe se poursuivit. « Un enfant si je veux, quand je veux. » Les féministes ne prêchaient pas la grève des ventres, mais elles n'acceptaient la maternité que comme un choix, comme un épanouissement narcissique du moi féminin.

Il s'avéra bientôt que l'interruption volontaire de grossesse (IVG) était un complément indispensable de la contraception. Une révolution morale s'accomplissait : auparavant les femmes n'avaient pas le droit de refuser une naissance, à présent elles n'ont plus le droit de laisser naître un enfant non désiré ; l'avortement est légitime dans tous les cas où la contraception échoue, dans tous les cas où un événement imprévu compromet un projet d'enfantement. Mais la liberté d'avorter rencontrait beaucoup d'hostilité. L'Église catholique n'était pas seule à voir dans l'avortement le meurtre d'un « être humain potentiel ». Face à ces objections, le discours féministe se radicalisa. « Maternité esclave », « maternité aliénation », disaient les militantes. Agressives, virulentes, scandaleuses, elles se nommaient sorcières, pétroleuses, chimères, elles se réclamaient de Lilith. Figures démoniaques, Lilith et la sorcière bafouent l'ange du foyer, la fée du logis, mythes fondateurs de la culture féminine bourgeoise. Les intellectuelles dénonçaient le « patriarcat » : domination millénaire des pères sur les mères et sur les enfants, système général d'oppression. La glorification de la maternité n'a été – disaient-elles – qu'une baudruche masquant l'exploitation des femmes par les hommes. Ces filles rebelles, jeunes pour la plupart (entre 20 et 30 ans), n'avaient pas d'enfant. C'est en tant que filles qu'elles dénonçaient la maternité : elles se disaient victimes de mères complices de toutes les oppressions. Toute une génération de filles semblait renier toute une génération de mères : il y avait rupture de la transmission culturelle en milieu féminin.

L'interruption volontaire de grossesse a été libéralisée en Europe occidentale entre le milieu des années 1960 (Grande-Bretagne 1967) et le milieu des années 1980 (Portugal et Espagne 1984), à l'exception de l'Irlande ; en France la loi Veil date de janvier 1975. Aux États-Unis la Cour suprême a inscrit la libéralisation dans le droit constitutionnel fédéral en 1973, ce qui obligea les États de l'Union à se conformer. Dans tous les pays des règlements divers ont imposé la médicalisation des interventions et leur enregistrement. Le corps fécond des femmes n'échappait donc pas au contrôle social. Les lois étaient plus ou moins libérales. Aux Pays-Bas, une femme pouvait (peut) demander une IVG jusqu'à vingt-deux semaines (soit tant que le fœtus n'est pas viable) ; une éducation sexuelle précoce (dès l'école maternelle), un rôle actif des médias permettent à ce pays d'afficher le taux d'avortement le plus bas du monde (environ 5 % des grossesses). En France la demande d'IVG n'était recevable que jusqu'à dix semaines de grossesse (soit tant que l'embryon n'est pas encore bien distinct ; ce délai a été porté à douze semaines en 2001 après de vifs débats). L'éducation sexuelle étant négligée ainsi que l'information du public, le nombre des IVG a peu diminué : 220 000 par an en moyenne.

Cependant, la dépénalisation conditionnelle de la contraception et de l'avortement a été perçue comme une grande victoire par la majorité des femmes. Échappant à l'emprise de la nature, elles disposaient d'une maîtrise quasi absolue sur leur propre corps et même sur la fonction reproductrice tout entière. Responsables de leur maternité, elles l'étaient aussi de la paternité. En outre, la consultation de contraception, l'entretien pré-IVG ont multiplié les conseillères spécialisées et les gynécologues femmes. Les cabinets médicaux, les centres de *planning familial* sont devenus des lieux de parole et de confidences entre femmes. De nouveaux liens sociaux se construisaient, de nouvelles solidarités.

Des innovations ont suivi.

Quand l'« enfant désiré » vient au monde, la joie éclate. La génération rebelle a réinventé cette joie. Dans les cliniques d'accouchement, les parturientes ont su imposer leurs désirs, narguant la férule médicale : elles accouchaient dans la position de leur choix, invitant famille et ami(e)s, allaitant à leur gré, pouponnant à loisir. Elles voulaient vivre la maternité comme une fête. Sages-femmes et puéricultrices ont trouvé là l'occasion de repenser leur rôle propre, un rôle d'accompagnement et d'empathie différent de celui des médecins.

Les crèches et autres lieux d'accueil ont aussi amorcé une mutation. Les mères féministes des années 1970 avaient improvisé des « crèches sauvages » : tout un groupe de petits enfants étaient soignés pour une somme modique, par des parents qui se relayaient, sans référence aux autorités sanitaires ou administratives. L'usage a donné naissance quelques années plus tard à ce qu'on appelle, en France, des crèches parentales, véritables creusets d'innovation : le « temps parental » y est mis en valeur, les séparations nécessaires s'opèrent doucement, parents et professionnels de la petite enfance se reconnaissent comme partenaires.

Pour saper à la base le « sexisme ordinaire » et toutes les formes d'aliénation, les mères féministes ont rêvé d'abolir les différences entre l'éducation des filles et celle des garçons : elles leur donnaient les mêmes jouets, les mêmes vêtements : jeans et clarks, elles partageaient entre eux les mêmes corvées domestiques. L'élément positif de la nouvelle pédagogie consistait à valoriser l'anatomie et la physiologie féminines – la vulve, les règles –, à démentir « le manque », à effacer la honte et la malédiction ancestrales. Ces mères ont su ressusciter le bonheur d'être femmes ; leurs filles ont appris à aimer leur sexe, à en être fières.

Il faut pourtant montrer le revers de la médaille. À côté d'effets positifs, célébrés à juste titre, la maternité choisie a fait lever aussi des soucis imprévus, remettant en question l'identité féminine et la relation entre les sexes.

La libération des mœurs a remanié les bases de l'identité féminine. Viennent désormais au premier plan la séduction et la jouissance. Le plaisir sexuel exalté, mythifié, supplante ou masque, ou diffère le désir d'enfant. D'ailleurs la jeune femme veut être active, acquérir une indépendance économique : la venue d'un bébé compromettrait ce projet. De plus, le concept de « qualité de la vie » s'impose avec le militantisme écologique : donner la vie ? À quels enfants et dans quel monde ? La décision d'enfanter peut-elle être rationnelle ?. En chaque fille d'Ève la femme et la mère entrent en conflit : si la femme émancipée échappe à sa « nature », elle se trouve aux prises avec sa liberté. Tel est le sens de la révolution maternelle. C'est entre 28 et 35 ans que les femmes « réfléchissent » le plus, hésitent le plus ; les grossesses surviennent aux âges limites : après 40 ans, avant 18 ans. Ursula Andress, Mia Farrow, Claudia Cardinale, Christine Okrent, vedettes médiatiques, modèles identificatoires ont donné à la « maternité tardive » une brillante notoriété. Les mères adolescentes posent d'autres problèmes. Ce n'est pas toujours faute d'information qu'elles « tombent » enceintes ; certaines d'ailleurs refusent d'avorter. À une époque où l'adolescence s'étire en longueur, où les jeunes, surtout ceux des milieux défavorisés, n'ont ni statut, ni fonction, ni rôle social, avoir un enfant permet d'accéder à l'âge adulte, de mériter les égards et la considération d'autrui. Mais ensuite, quand le bébé est là, elles sont effarées par ses exigences, accablées par la charge qu'il constitue. Or la décision de l'abandonner est moralement beaucoup plus difficile à prendre que celle d'avorter.

Au total, un peu partout en Occident, les années 1970 ont été marquées par une chute impressionnante du taux de natalité. Du coup certains États ont inventé de nouvelles politiques natalistes, plus libérales que celles des années 1940 et 1950. Le gouvernement marxiste de RDA a pratiqué à partir de 1972 un « féminisme d'État » : avortement libre, allongement du congé maternité (un an) et multiplication des crèches. En Suède, des lois promulguées en 1974 ont institué à l'occasion de chaque naissance un congé parental de sept mois payé à 90 % du salaire, à répartir au choix entre le père et la mère. Ces dispositions font envie aux mères du monde entier...

La maternité choisie a aussi transformé les relations entre les sexes. Leur égalité n'était pas au rendez-vous. Les jeunes militantes ont bientôt constaté que la pilule libérait l'homme encore plus que la femme. Il n'avait plus à « se retenir » et il restait indemne pendant qu'elle avalait chaque jour une drogue parfois mal supportée. La pilule avait aussi l'inconvénient de masquer une éventuelle stérilité. Si je suis stérile, pourquoi me droguer ? Impossible de vérifier sans prendre le risque d'une grossesse. La pilule ne protège pas des maladies vénériennes ; l'épidémie de sida a rétabli l'importance du préservatif masculin. Quant à la possibilité d'IVG, elle sert parfois de prétexte à l'irresponsabilité masculine (« Si tu tombes enceinte peu importe, tu avorteras... ») ou féminine : rares sont les femmes capables de refuser un rapport non protégé.

Le père a été délogé de ses anciennes prérogatives : il a perdu l'initiative de la contraception, il n'est plus l'unique pourvoyeur de ressources dans le ménage ; le divorce, devenu partout plus facile, permet aux épouses de quitter le foyer dès les premières déceptions, en emmenant les enfants ; le mariage est de plus en plus facultatif. Le nombre de femmes qui élèvent seules leurs enfants ne cesse de croître... Cependant une réaction s'est produite à partir des années 1980. Des pères divorcés, privés de leurs enfants, ont organisé des « mouvements de défense de la condition paternelle ». Des mères au travail, accablées par la « double journée », ont appelé les pères à l'aide pour les tâches de maternage et d'éducation. Congrès, colloques et tables rondes ont débattu à propos du rôle du père ; les ouvrages savants se sont multipliés. Une nouvelle figure du père s'est imposée. Le « nouveau père » apprend des psy qu'il doit jouer un rôle « séparateur » : « défusionner la dyade », la transformer en « triade » et la mettre en relation avec le reste du monde. Il doit aussi procurer à la mère et à l'enfant un « étayage affectif » ; ils ont tant besoin de son amour. On lui découvre des « compétences » équivalentes à celles de la mère. Pourtant on est encore loin d'un partage satisfaisant. Bien que de nombreuses mères aient une activité professionnelle, leur rôle traditionnel, nourricier et affectif, n'a pas été remis en question ; elles gardent en priorité la « charge mentale » de la famille. Combien de pères restent à la maison pour veiller sur l'enfant malade ? Combien font réciter les leçons tous les soirs ? Combien ont la patience de maintenir le dialogue avec des adolescents rebelles ? Que peut faire une mère lorsque son fils de 13 ou 14 ans refuse de lui obéir et glisse sous l'emprise d'une secte, ou d'une drogue, ou d'un caïd de type mafieux ?

Bref la maternité choisie pèse sur les mères beaucoup plus que la paternité ne pèse sur les pères. Elle oblige les femmes à réfléchir sur leur place dans la société à inventer de nouveaux modes de vie, de nouvelles relations, de nouvelles institutions.

IV. – La maternité en questions

Trois sortes de questions éveillent l'inquiétude : dans l'ordre biologique, dans l'ordre social, dans l'ordre politique.

Dans l'ordre biologique on constate d'abord la fragilité des acquis : la maîtrise de la fécondité n'appartient pas aux femmes, elles n'ont pas su se l'approprier. Le remboursement des contraceptifs n'a jamais été assuré partout ; là ou il l'était, il est remis en question, par exemple aux Pays-Bas. En France les pilules les plus récentes ne sont pas remboursées ; la diffusion du RU 486, médicament qui provoque l'élimination précoce de l'œuf fécondé, rencontre des obstacles. Des commandos réactionnaires ont attaqué les cliniques pratiquant l'interruption de grossesse. Si la mobilisation massive des femmes a provisoirement intimidé les agresseurs, avorter devient néanmoins plus difficile dans quelques régions : en France, le personnel médical est moins motivé, des cliniques ferment, les listes d'attente s'allongent.

Autre perspective préoccupante : l'impérialisme des techniques. La grossesse et l'accouchement font l'objet d'une surveillance de plus en plus sophistiquée. L'échographie s'est généralisée mais ses incertitudes sont l'occasion de conflits et de procès. Les accouchements sont provoqués à date programmée, souvent sous anesthésie péridurale ; l'épisiotomie, la césarienne sont de plus en plus fréquentes. Les tentatives écologiques de retour à la nature paraissent définitivement englouties par le souci de sécurité, ainsi que par les convenances personnelles des parturientes et des soignants.

Cependant, c'est surtout avec les procréations assistées qu'on atteint des artifices vertigineux. Le désir d'enfant, oublié, et même dénié pendant les années 1970, s'est réveillé ensuite avec véhémence. Celles qui après avoir longtemps hésité, peut-être avorté, se décident à devenir mères, veulent l'être sans délai ; si la grossesse tarde, elles se croient stériles et réclament « un enfant à tout prix ». Leur désir est promu au rang d'une exigence sacrée, comme si on proclamait un « droit à l'enfant ». Biologistes et médecins se précipitent non pour guérir la stérilité (ce qui est souvent impossible) mais pour la pallier. Parmi les femmes qui se soumettent à des interventions lourdes, comme la fécondation *in vitro* (FIV), beaucoup éprouvent des déceptions cruelles : la fécondation échoue, la grossesse n'arrive pas à terme, le nouveau-né, prématuré et chétif, ne peut survivre. À l'inverse certaines ont la surprise parfois accablante de mettre au monde des triplés, des quadruplés ou pire, et leur vie familiale s'en trouve obérée. D'un autre côté, les nouvelles méthodes d'investigation – échographie, amniocentèse, diagnostic prénatal, diagnostic préimplantatoire – permettent de déceler des anomalies du fœtus ou de l'embryon, et de procéder à des avortements thérapeutiques. Des femmes rêvent d'obtenir un enfant parfait. Ce fantasme risque de peser ensuite sur la relation entre une mère pleine d'illusions et un enfant plein de défauts, comme tous les enfants. Les procréations assistées induisent aussi une marchandisation des organes féminins : location d'utérus, marché d'ovocytes. Aux États-Unis ce commerce est libre. Dans la plupart des pays d'Europe, les comités d'éthique condamnent de tels trafics, et les lois les interdisent, mais avec quel succès ? Les recherches sur l'embryon humain utiles pour mettre au point de nouvelles thérapies ont besoin d'ovocytes et d'utérus. Le risque est celui d'une instrumentalisation sans limite du corps féminin.

Le désir d'enfant a également provoqué un extraordinaire développement de l'adoption ; de nouvelles lois l'ont rendue partout plus facile. Les femmes ne sont pas seules concernées, mais tout indique qu'elles s'impliquent plus que les hommes. La rareté des enfants adoptables a imposé d'abord une sélection parmi les demandeurs : les célibataires ont été écarté(e)s, au mépris de leurs qualités. La demande des homosexuelles se fait pressante : elle a reçu satisfaction dans quelques pays très libéraux comme les Pays-Bas ; ailleurs on délibère. L'adoption internationale s'est développée pendant les années 1980. Dans les pays pauvres, ravagés par la guerre et la misère, on trouve beaucoup d'enfants orphelins ou délaissés. La demande des pays riches a fait définitivement sortir l'adoption de l'ombre et du tabou. On commence à se demander jusqu'où elle ira. Grâce à Internet, on peut à présent choisir et adopter (acheter...) un enfant sur catalogue. L'exploitation du désir d'enfant transforme l'enfant en denrée négociable du grand commerce international.

L'ordre économique et social recèle d'autres menaces. Les employeurs subissent la loi du marché. Certains ont créé des postes de travail à temps partiel, mais c'était pour assurer la flexibilité de l'emploi, non pour voler au secours des mères. Dans les milieux modestes un salaire partiel est insuffisant pour vivre, surtout si la mère élève seule ses enfants. Dans les couches supérieures, une femme qui ne peut occuper à plein temps un poste de responsabilité compromet sa carrière. Certaines entreprises font preuve d'un réalisme cynique. Ainsi la réunification des deux Allemagne après 1989 a sonné le glas du « féminisme d'État » en RDA. Les patrons soucieux de rentabilité refusent d'embaucher des femmes enceintes, ou des mères de jeunes enfants. Du coup, certaines femmes joignent un certificat de stérilisation à leur demande d'emploi. En France, les lois protégeant les femmes enceintes ne sont pas toujours appliquées. Et bon nombre de salariées reprennent le travail avant la fin de leur congé de maternité. Celles qui réussissent le moins mal à tout « manager » sont des fonctionnaires, plus spécialement des enseignantes.

Les États-providence n'élaborent plus de politique familiale à long terme ; la lutte contre le chômage est désormais prioritaire à leurs yeux. En France, de nouvelles allocations, attribuées sous condition de ressources, visent soit à ramener les mères au foyer, soit à créer des emplois féminins non qualifiés pour assurer la garde des enfants. En général les rémunérations des assistantes maternelles et autres « auxiliaires » sont si modestes, au mépris de la responsabilité assumée, qu'elles déconsidèrent les tâches maternelles... Les sociologues situent ces tâches dans le *hors-travail.* Pourquoi ? Parce que c'est la société industrielle qui a organisé le travail, elle l'a rationalisé, mécanisé. Or les tâches maternelles ne sont ni organisables, ni rationalisables, ni mécanisables (ne les confondons pas avec les tâches ménagères qui peuvent être programmées et en partie mécanisées). L'enfant n'est pas encore un produit industriel qu'on fabrique en série. Mais ce n'est pas davantage un objet artisanal auquel on donne une forme convenue. Ni même une création artistique ou littéraire qu'on fignole à loisir. C'est un *sujet* : c'est lui qui commande, qui impose sa présence et ses exigences, qui *occupe,* au sens le plus fort du terme, le corps, le temps et l'esprit de sa mère, de ses parents. Il n'a pas de prix, même s'il a un coût. Les psychologues démontrent la nécessité vitale des soins maternels, des soins parentaux. Le problème des sociétés occidentales, soumises aux lois du marché, c'est de dire quelle valeur elles reconnaissent à cette production très particulière : les enfants.

Il est vrai pourtant que les pouvoirs publics et privés s'impliquent de plus en plus dans les responsabilités éducatives, assurant des services naguère laissés à la charge des familles. Les médecins, les enseignants, les éducateurs, et même souvent les magistrats, les policiers s'occupent des jeunes. Mais ces divers spécialistes parlent du haut de leur statut, de leur compétence, enfermés dans leur domaine d'intervention. La mère réduite souvent au rôle d'exécutante n'a rien à leur répondre ; comprenant qu'il ne suffit pas d' « aimer » un enfant pour savoir l'élever, elle perd confiance dans ses propres aptitudes. Aussi nombre de jeunes mères vivent-elles dans l'anxiété, le stress, la déception. Des soignants s'en inquiètent. Ceux qui se consacrent à l'étude de la *maternité psychique* constatent la progression des pathologies dans la relation mère-enfant ; l'enfant en est victime autant que la mère. Écartelées entre procréation et production, les Occidentales constatent que leurs tâches ne sont pas simplement juxtaposées, ni superposées : chaque tâche retentit sur les autres et les modifie, les redétermine. Tout est à revoir : non seulement le temps et l'espace des femmes, mais leurs responsabilités, leurs rôles sociaux, leurs liens affectifs.

Tous comptes faits, la réflexion qui s'impose est surtout d'ordre politique. Le féminisme, qui est l'autre face de l'humanisme (face trop longtemps cachée !) pourrait trouver là un nouveau souffle.

La maternité relève certes de la vie privée dans ce qu'elle a de plus intime. Mais c'est aussi une fonction sociale de première importance puisqu'elle assure le renouvellement des générations. Pour assurer cette fonction, les femmes ont besoin de sentir autour d'elles une collectivité solidaire, elles ont besoin d'approbation et de reconnaissance. Elles doivent aussi penser et agir en citoyennes. Chacune dispose désormais de tous les droits politiques. Chacune *impose la vie* à son enfant, puisqu'elle aurait pu éviter de le mettre au monde. Cette décision installe un sujetmère derrière le sujet-femme. À l'enfant désiré le meilleur est dû, non pas seulement dans la vie privée mais aussi dans la cité et dans le monde. Celle qui enfante s'implique dans la vie politique non seulement comme femme, mais en plus comme mère. La demande de *parité* traduit cette prise de conscience : les femmes contribuent autant sinon plus que les hommes non seulement à engendrer des vivants, mais aussi à organiser la cité de demain, à lui donner du sens, à créer des liens.

Faut-il voir dans la Déclaration des droits de l'enfant (1989) une atteinte à la responsabilité parentale ? Mais la mère (et le père) ne sont-ils pas les premiers défenseurs des droits de l'enfant ? Il est vrai que les actes de maltraitance, les atteintes sexuelles, l'inceste sont souvent commis dans le milieu familial, et les mères sont muettes, complices, ou même coupables au premier chef. Raison de plus pour les alerter sans relâche. L'éducation sexuelle et l'éducation civique pourraient, devraient enseigner aux jeunes qu'ils ont des chances de devenir à leur tour mère ou père. On objectera que les personnes qui n'ont pas d'enfant, qui ne veulent pas en avoir, se sentiront exclues d'une démocratie où la fonction parentale occuperait tant de place. Nullement. Les fonctions parentales sont désormais largement socialisées : la famille n'est plus le lieu essentiel de la reproduction biologique ni de la reproduction sociale. Bien des gens qui n'ont pas d'enfant, et n'en veulent pas, s'occupent de ceux des autres. D'ailleurs en pratique chaque génération n'est-elle pas collectivement responsable de la suivante ?

Si la conscience maternelle inspirait la conscience politique des femmes, alors peut-être la conscience paternelle inspirerait la conscience politique des hommes. L'intérêt des générations montantes deviendrait l'étoile polaire d'un grand nombre de projets. La conscience parentale, toujours paritaire, peut devenir un moteur puissant du changement social et développer la démocratie du XXIe siècle.

BIBLIOGRAPHIE

Knibiehler Y., Fouquet C., *L'histoire des mères depuis le Moyen Âge,* Paris, Montalba, 1980 ; Hachette-Pluriel, 1982.

Knibiehler Y., *La révolution maternelle depuis 1945. Femmes. Maternité. Citoyenneté,* Paris, Perrin, 1997.

Cova A., *Maternité et droits des femmes en France (XIXe-XXe siècles),* Anthropos historique, Paris, Anthropos, 1997.

Histoire des femmes, sous la direction de Georges Duby et Michelle Perrot, 5 vol., Paris, Plon, 1990-1992.

Histoire de la vie privée, sous la direction de Philippe Ariès et Georges Duby, 5 vol., Paris, Le Seuil, 1985-1987.

Histoire de la famille, sous la direction d'André Burguière, Christiane Klapisch-Zuber, Martine Segalen, Françoise Zonabend, 2 vol., Paris, Armand Colin, 1988.

TABLE DES MATIÈRES

Imprimé en France
Imprimerie des Presses Universitaires de France
73, avenue Ronsard, 41100 Vendôme
Septembre 2002 — N° 49 332